옥토끼 니트 토이

따뜻한 손뜨개 인형

★ HAND KNITTED DOLL ★

김혜진 지음

옥토끼 니트 토이
따뜻한 손뜨개 인형

초판 1쇄 발행	2019년 11월 15일
초판 2쇄 발행	2019년 12월 15일

지은이	김혜진
펴낸이	한준희
발행처	(주)아이콕스

기획·편집	박윤선
디자인	김보라(inn1519@naver.com)
사진	김혜진, 최민정(NEAT studio)
도안 일러스트	이지선
영업	김남권, 조용훈
영업지원	김진아

주소	경기도 부천시 중동로 443번길 12, 1층(삼정동 297-5)
홈페이지	http://www.icoxpublish.com
인스타그램	@thetable_book
이메일	thetable_book@naver.com
전화	032) 674-5685
팩스	032) 676-5685
등록	2015년 07월 09일 제2017-000067호
ISBN	979-11-6426-072-0

- 더테이블은 일상에 감성을 더하는 (주)아이콕스의 출판 브랜드입니다.
- 더테이블은 독자 여러분의 도서에 대한 의견과 투고를 기다리고 있습니다.
  책 출간을 원하시는 분은 더테이블 이메일 thetable_book@naver.com으로 간략한 기획안과 성함, 연락처를 보내주세요.
- 이 책은 저작권법에 따라 보호받는 저작물이므로 무단 전제 및 복제를 금하며,
  이 책 내용의 전부 또는 일부를 이용하려면 반드시 저작권자와 (주)아이콕스의 서면 동의를 받아야 합니다.
- 잘못된 책은 구입하신 서점에서 바꾸어드립니다.
- 책값은 뒤표지에 있습니다.

따뜻한 손뜨개 인형

Prologue

아주 어렸을 때부터 손으로 사부작거리며 무언가를 만들어내는 시간을 좋아했습니다.
그림을 그리기도 했고, 카드를 만들어서 크리스마스트리를 꾸미기도 했고요,
동생과 함께 어디에 쓰일지 모르는 것들을 만들어놓고 오랜 시간이 지난 뒤에도 버리지 못하고
소중하게 간직했던 기억이 있습니다.
더 커서는 글씨 쓰는 것도 배우게 되고 손뜨개까지 배우게 된 걸 보니,
저는 손으로 만들어내는 그 모든 것들을 좋아했었고, 지금도 무척 좋아하는 것 같습니다.

바쁘고 힘겨웠던 하루를 무사히 보내고 나만의 공간에 앉아 바늘로 알록달록한 실들을
엮어내는 작업이야말로 하루의 고단함을 잊게 해주었습니다.

물론 손으로 만드는 것들이 다 그러하듯,
수고롭고, 오랜 시간이 걸리고, 때로는 투박하기마저 합니다.
그렇지만, 그래서 더 따뜻하고 포근한…
조금 부족해도, 완벽하지 않아도 괜찮다고 위로받습니다.
제가 손뜨개로 위로받았던 평소의 시간들이 이 책을 읽는 다정한 분들에게까지 닿았으면 좋겠습니다.

특별할 것 없는 보통의 공간을 포근한 손뜨개 인형으로 채워보면 어떨까 싶어 시작했던 뜨개인데,
좋아하는 일을 만나 이렇게 책을 내기까지 멀리 와 있습니다.

이렇게 멀리 오기까지 저도 모르는 저의 능력을 알아봐주시고,
이 책이 처음부터 끝까지 무사히 나올 수 있도록 도와주신 박윤선 팀장님과 늘 같은 마음으로
응원해주는 나의 가족들, 만드는 인형들마다 예쁘다고 격려해주시는 클레스 수강생님들에게도
깊은 감사를 드립니다.

앞으로도 감성적이고 따뜻한 손뜨개 인형을 만들 수 있도록 노력하겠습니다.

2019년 10월 저자 김혜진

Contents

Prologue ····· 5

Lesson 01
준비하기

01. 뜨개 도구와 실 ····· 10
02. 기초코 만들기 ····· 12
03. 겉뜨기 ····· 13
04. 안뜨기 ····· 14
05. 왼코 겹쳐 2코 모아뜨기 ····· 15
06. 왼코 겹쳐 2코 모아 안뜨기 ····· 16
07. 앞뒤 겉뜨기로 코 늘리기 ····· 17
08. 감아코 늘리기 ····· 18
09. 오른코 겹쳐 2코 모아뜨기 ····· 19
10. 앞뒤 안뜨기로 코 늘리기 ····· 20
11. 오른코 겹쳐 3코 모아뜨기 ····· 21
12. 돌려뜨기로 코 늘리기 ····· 22
13. 코막음 ····· 23
14. 걸기코 ····· 24
15. 메리야스잇기 ····· 25
16. 코조임 ····· 26
17. 대바늘 기호도 ····· 27

Lesson 02
동글동글 귀여운 인형들

01. 동글이 노란 강아지
~ 31 ~

02. 동글이 파란 고양이
~ 43 ~

03. 동글이 분홍 토끼
~ 53 ~

Lesson 03
뽀글뽀글 곱슬머리 인형들

01. 뽀글 강아지 모찌
~ 65 ~

02. 뽀글 곰 모카
~ 75 ~

03. 뽀글 토끼 슈
~ 85 ~

Lesson 04

작고 예쁜 아기 인형들

01. 아기 곰 테디
~ 97 ~

02. 아기 강아지 퍼피
~ 107 ~

03. 아기 사자 레오
~ 117 ~

04. 아기 양 메리
~ 127 ~

05. 아기 토끼 바니
~ 137 ~

Lesson 05

옥토끼의 따뜻한 인형들

01. 소녀 곰 코니
~ 149 ~

02. 호두 베어
~ 163 ~

03. 소녀 토끼 라니
~ 179 ~

04. 눈사람
~ 191 ~

Editor's Pick ····· 200

Lesson 01

준비하기

01 뜨개 도구와 실

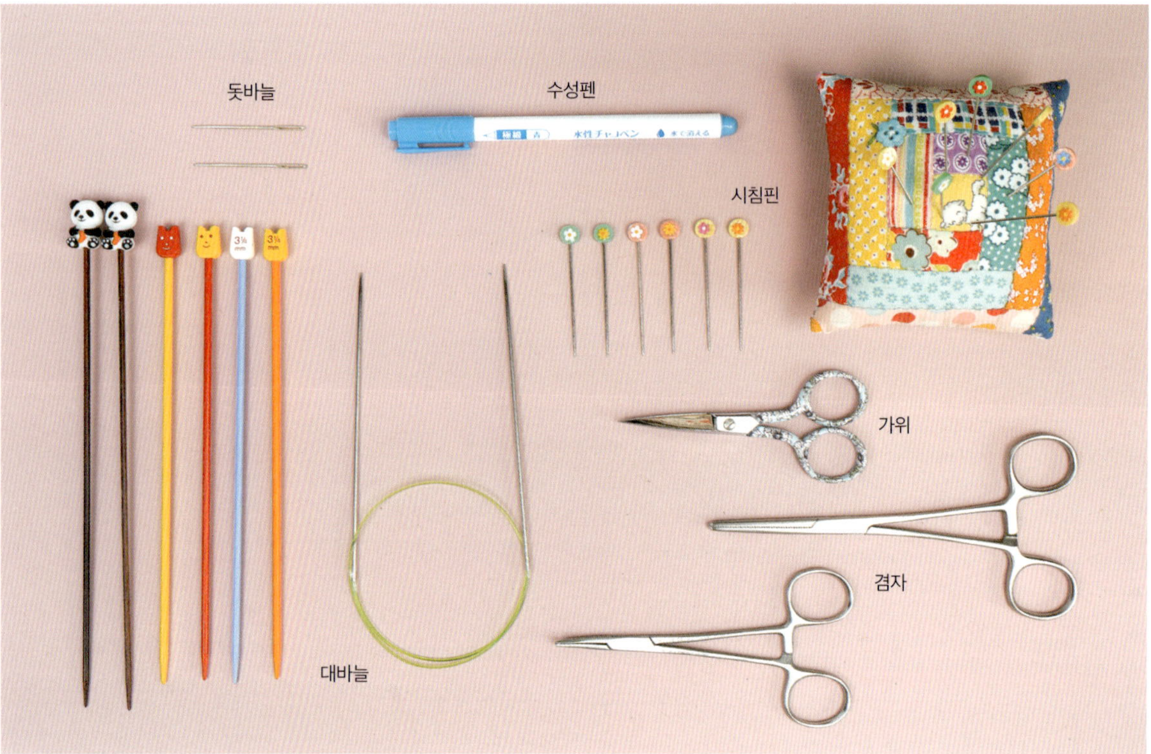

1. **대바늘** : 양끝이 막혀 있는 바늘이나, 줄로 연결되어 있는 바늘을 사용합니다. 실의 굵기에 따라서 3mm, 2.5mm, 2mm 호수를 선택합니다.

2. **돗바늘** : 실을 마무리할 때, 스티치를 할 때, 편물을 이을 때, 인형의 각 머리와 다리, 팔 등을 연결할 때 사용합니다.

3. **시침핀** : 인형의 얼굴, 눈, 귀를 임의로 고정시킬 때, 편물을 고정시킬 때 사용합니다. 일반 시침핀보다 더 굵고 튼튼한 핀을 사용하는 것이 좋습니다.

4. **가위** : 실을 자를 때 사용합니다.

5. **수성펜** : 물을 묻히면 시간이 지나면서 자연스럽게 지워지는 펜입니다. 인형의 눈을 달아줄 곳을 표시하거나, 바느질할 곳을 표시할 때 사용합니다.

6. **겸자** : 솜을 넣을 때 사용합니다. 특히 입구가 좁은 곳에 솜을 넣을 때 편하게 넣을 수 있습니다. 끝이 직선으로 된 겸자와 곡선으로 된 겸자 두 가지가 있는데 둘 다 있으면 유용하게 사용할 수 있습니다.

7. **줄자** : 편물의 길이를 잴 때 사용합니다.

8. **구름솜** : 구름솜은 뭉치지 않고 부드러워서 대바늘 인형의 속을 채울 때 사용합니다.

9. **장식단추** : 인형을 장식할 때 달아줍니다.

10. **패브릭잉크, 색조화장품** : 인형 얼굴에 볼터치 또는 음영을 줄 때 사용합니다.

11. **단수기록기** : 편물을 뜰 때 단수를 쉽게 세기 위한 도구입니다.

12. **바늘자** : 바늘의 굵기를 잴 수 있는 자입니다.

13. **송곳** : 인형에 솜을 넣을 때 뭉친 곳을 풀어줄 수 있는 도구입니다.

14. **마감실** : 편물을 이을 때 사용하는 실로 튼튼한 실을 사용하여 바느질해줍니다.

15. **울실** : 뜨개 인형의 편물을 뜰 때 주로 사용하는 실입니다.

16. **인형눈 단추** : 인형의 크기에 맞는 플라스틱 눈 단추나 유리 눈 단추를 사용합니다.

기초코 만들기

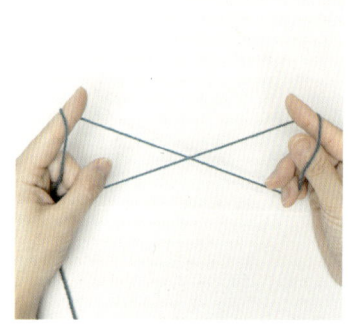

1. 실을 X자로 겹쳐 놓습니다.

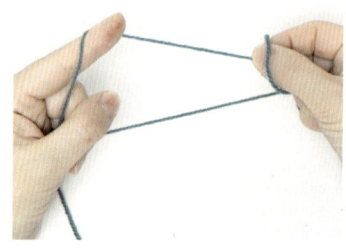

2. 고리 안으로 위쪽 실을 잡아당깁니다.

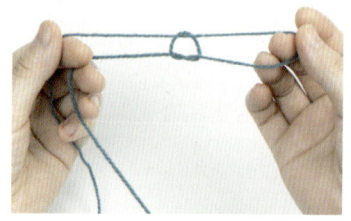

3. 고리를 만들어 고리 안으로 실을 잡아당깁니다.

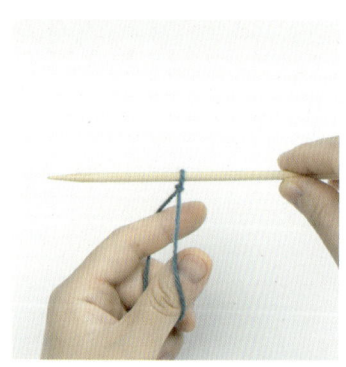

4. 바늘을 고리 안으로 넣고 양쪽으로 실을 잡아당겨 원을 오므려줍니다.

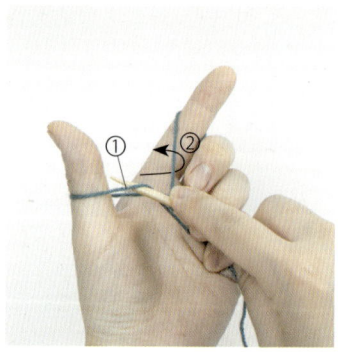

5. 바늘을 ①로 넣어서 ②로 빼줍니다.

6. 위의 과정을 반복해 필요한 콧수만큼 만들어줍니다.

03
겉뜨기
- knit -

1. 실을 뒤에 놓고 오른쪽 바늘을 왼코의 앞쪽에서 뒤로 넣습니다.

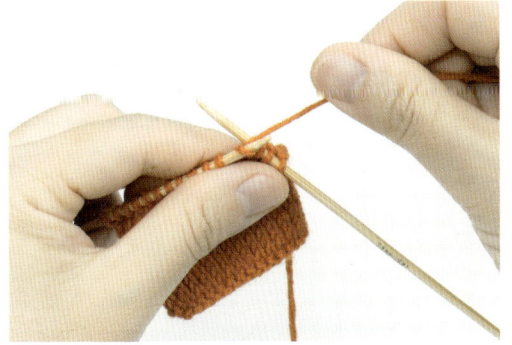

2. 오른쪽 바늘에 실을 시계 반대 방향으로 걸어줍니다.

3. 실을 빼낸 뒤 왼쪽 바늘을 뺍니다.

4. 겉뜨기를 완성합니다.

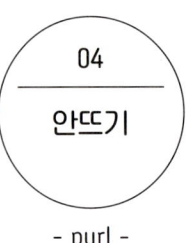

04
안뜨기

- purl -

1. 실을 앞에 놓고 오른쪽 바늘을 앞으로 넣습니다.

2. 오른쪽 바늘에 실을 시계 반대 방향으로 걸어 바늘을 뒤쪽으로 빼냅니다.

3. 실을 빼낸 뒤 왼쪽 바늘을 빼냅니다.

4. 안뜨기를 완성합니다.

05 왼코 겹쳐 2코 모아뜨기

- k2tog -

1. 실을 뒤에 놓고 왼쪽 바늘에 2코를 모아 오른쪽 바늘로 한 번에 넣습니다.

2. 오른쪽 바늘에 실을 걸어 2코를 겹쳐서 한 번에 겉뜨기를 합니다.

3. 왼쪽 바늘을 빼줍니다.

4. 왼코 겹쳐 2코 모아뜨기를 완성합니다.

06 왼코 겹쳐 2코 모아 안뜨기

- p2tog -

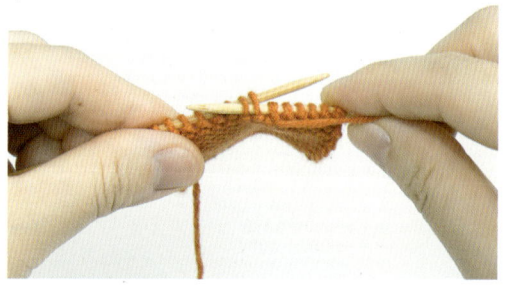

1. 실을 앞에 놓고 왼쪽 바늘에 2코를 겹쳐서 오른쪽 바늘로 한 번에 넣습니다.

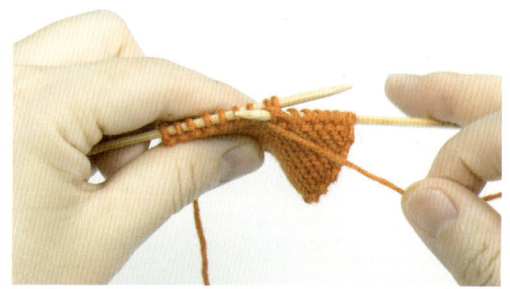

2. 오른쪽 바늘에 실을 걸어 2코를 겹쳐 한 번에 안뜨기를 합니다.

3. 왼쪽 바늘을 빼줍니다.

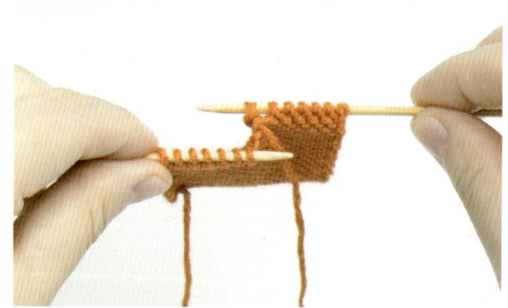

4. 왼코 겹쳐 2코 모아 안뜨기를 완성합니다.

07
앞뒤 겉뜨기로 코 늘리기
- inc, kfb -

1. 실을 뒤에 놓고 오른쪽 바늘을 왼코의 앞쪽에서 뒤로 넣습니다.

2. 오른쪽 바늘에 실을 걸어 앞으로 빼냅니다.

3. 바늘을 빼지 않고 코를 벌려줍니다.

4. 코를 벌린 후 오른쪽 바늘을 돌려서 뒤쪽 코에 바늘을 넣습니다.

5. 오른쪽 바늘에 실을 걸어서 겉뜨기로 뜨고 바늘을 뺍니다.

6. 앞뒤 겉뜨기로 코 늘리기를 완성합니다.

08 감아코 늘리기

- backward loop cast on -

1. 검지손가락에 실을 걸어줍니다.

2. 고리를 만들어 바늘에 걸어줍니다.

3. 위의 과정을 반복해서 감아코를 완성합니다.

09
오른코 겹쳐 2코 모아뜨기
- skpo -

1. 오른쪽 바늘로 왼쪽 코에 바늘을 넣은 후 뜨지 않은 상태에서 오른쪽 바늘로 옮겨줍니다.

2. 다음 코에 오른쪽 바늘을 넣어 겉뜨기를 합니다.

3. 뜨지 않고 오른쪽 바늘로 옮긴 코를 왼쪽 바늘을 넣어 위에서 만든 코에 덮어씌웁니다.

4. 왼쪽 바늘을 빼내 오른코 겹쳐 2코 모아뜨기를 완성합니다.

10
앞뒤 안뜨기로 코 늘리기

- pfb, p1f&b -

1. 실을 앞에 놓고 오른쪽 바늘을 왼코의 앞쪽으로 넣습니다.

2. 오른쪽 바늘에 실을 걸어 뒤로 빼냅니다.

3. 바늘을 빼지 않고 코를 벌려줍니다.

4. 코를 벌린 후 오른쪽 바늘을 돌려서 뒤쪽 코에 오른쪽 바늘을 넣습니다.

5. 오른쪽 바늘에 실을 걸어서 안뜨기로 뜨고 바늘을 뺍니다.

6. 앞뒤 안뜨기로 코 늘리기를 완성합니다.

11 오른코 겹쳐 3코 모아뜨기

- sk2po -

1. 오른쪽 바늘로 왼쪽 1코를 뜨지 않은 상태로 오른쪽 바늘로 옮겨줍니다.

2. 다음 2코에 오른쪽 바늘을 넣어 코를 겹쳐 겉뜨기를 합니다.

3. 오른쪽 바늘에 옮겨놓은 코를 왼쪽 바늘을 넣어 만든 코에 덮어씌웁니다.

4. 왼쪽 바늘을 빼내 오른코 겹쳐 3코 모아뜨기를 완성합니다.

12 돌려뜨기로 코 늘리기

- m1 -

1. 왼쪽 바늘에 코와 코 사이 옆 실을 걸어 올립니다.

2. 끌어올린 코 뒤쪽으로 바늘을 넣습니다.

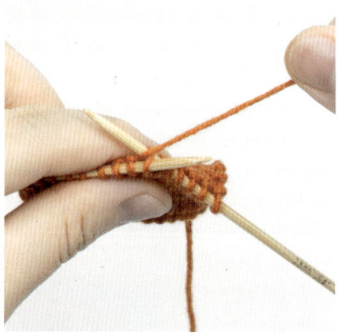

3. 오른쪽 바늘에 실을 앞쪽으로 걸어줍니다.

4. 바늘을 앞쪽으로 빼냅니다.

5. 돌려뜨기로 코 늘리기를 완성합니다.

13 코막음

- cast off -

1. 오른쪽 바늘을 앞쪽에서 뒤로 넣습니다.

2. 2코를 연달아 겉뜨기로 뜹니다.

3. 왼쪽 바늘로 첫 코를 2번째 코에 덮어씌웁니다.

4. 코막음을 완성한 후 마지막에는 코 안으로 실을 넣고 잡아당깁니다.

14
걸기코

- yarn over -

1. 오른쪽 바늘에 바깥쪽에 있는 실을 앞쪽으로 옮겨줍니다.

2. 실을 앞에 두고 겉뜨기를 합니다.

3. 걸기코를 완성합니다.

15 메리야스 잇기

- 편물을 같은 방향으로 놓고 돗바늘에 실을 걸어 양옆을 한 단씩 연결합니다. 이때 편물의 실이 나와 있는 자리에 바늘을 넣어 윗단 구멍으로 바늘을 통과시켜 실을 당기면서 연결합니다.

- 편물의 시작과 끝단을 나란히 놓고 실을 1코씩 통과시켜 고르게 연결합니다. 이때도 실이 나와 있는 자리로 바늘을 넣어가며 바느질합니다.

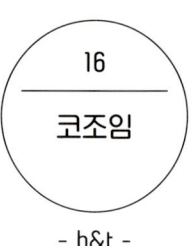

16
코조임
- b&t -

1. 편물을 뜨던 방향 반대쪽으로 밀어줍니다.

2. 실을 적당히 잘라줍니다.

3. 돗바늘로 1코씩 모든 코를 옮겨줍니다.

4. 돗바늘을 통과시킨 후 실을 당겨 코를 조여줍니다.

대바늘 기호도

I	겉뜨기 (K)
—	안뜨기 (P)
—	겉뜨기 방향에서 안뜨기 (p)
·	안뜨기 방향에서 겉뜨기 (k)
ℚ	앞뒤 겉뜨기로 코 늘리기 (kfb)
ℚ	앞뒤 안뜨기로 코 늘리기 (pfb)
⋀	왼코 겹쳐 2코 모아뜨기 (k2tog)
⋀	왼코 겹쳐 2코 모아 안뜨기 (p2tog)
⋁	오른코 겹쳐 2코 모아뜨기 (ssk, skpo)
⋁	오른코 겹쳐 2코 모아 안뜨기 (ssp)
Ω	돌려뜨기로 코 늘리기 (겉뜨기일 경우)
⋋	오른코 겹쳐 3코 모아뜨기 (sk2po)
⊘	감아코 (cast on)
▯	코막음 (cast off)
O	바늘비우기 (yarn over)

* 겉면의 뜨개질 방향은 오른쪽에서 왼쪽입니다.
* 뒷면의 뜨개질 방향은 왼쪽에서 오른쪽입니다.
* 도안의 빈칸 네모는 겉뜨기와 안뜨기가 한 단씩 번갈아 가며 반복되는 메리야스뜨기입니다.

메리야스뜨기

고무뜨기

Lesson 02

동글동글 귀여운 인형들

≋ 01 ≋
동글이 노란 강아지

실과 도구

눈 코믹 단추 눈

귀 GGH CUMBA #004 brown

리본 Jamieson&Smith / purple

코 Jamieson&Smith / orange

몸통, 머리, 팔
ROWAN / purewool superwash DK #051 yellow
ROWAN / purewool superwash DK #012 ivory

다리, 발
Jamieson&Smith / green
ROWAN / purewool superwash DK #057 pink

인형 사이즈 약 15cm
바늘 2.5mm

사용되는 뜨개법

겉뜨기 (k)

안뜨기 (p)

왼코 겹쳐 2코 모아뜨기 (k2tog)

왼코 겹쳐 2코 모아 안뜨기 (p2tog)

앞뒤 겉뜨기로 코 늘리기 (inc, kfb)

돌려뜨기로 코 늘리기 (m1)

메리야스뜨기 (st-st)

코막음 (cast off)

코조임 (b&t)

패턴

● **몸통과 머리**

✱ 옐로우색 실로 바늘에 시작코 18코를 만들어줍니다.

Row 1 : 안뜨기로 1단을 뜹니다.

Row 2 : 위의 18코를 모두 앞뒤 겉뜨기로 코 늘리기로 뜹니다. (36코)

Row 3 : 안뜨기로 1단을 뜹니다.

Row 4 : (겉뜨기 1코, 앞뒤 겉뜨기로 코 늘리기 1번)×18번을 뜹니다. (54코)

Row 5~7 : 안뜨기로 시작해서 메리야스뜨기로 3단을 뜹니다.

Row 8 : 겉뜨기 1코, 앞뒤 겉뜨기로 코 늘리기 1번, (겉뜨기 2코, 앞뒤 겉뜨기로 코 늘리기 1번)×17번, 겉뜨기 1코를 뜹니다. (72코)

Row 9~13 : 안뜨기로 시작해서 메리야스뜨기로 5단을 뜹니다.

Row 14 : 겉뜨기 2코, 앞뒤 겉뜨기로 코 늘리기 1번, (겉뜨기 3코, 앞뒤 겉뜨기로 코 늘리기 1번)×17번, 겉뜨기 1코를 뜹니다. (90코)

Row 15~39 : 안뜨기로 시작해서 메리야스뜨기로 25단을 뜹니다.

✱ 아이보리색으로 실을 바꿔서 떠 줍니다.

Row 40~53 : 겉뜨기로 시작해서 메리야스뜨기로 14단을 뜹니다.

Row 54 : 겉뜨기 2코, 왼코 겹쳐 2코 모아뜨기, (겉뜨기 4코, 왼코 겹쳐 2코 모아뜨기)×14번, 겉뜨기 2코를 뜹니다. (75코)

Row 55~65 : 안뜨기로 시작해서 메리야스뜨기로 11단을 뜹니다.

Row 66 : 겉뜨기 2코, 왼코 겹쳐 2코 모아뜨기, (겉뜨기 3코, 왼코 겹쳐 2코 모아뜨기)×14번, 겉뜨기 1코를 뜹니다. (60코)

Row 67~71 : 안뜨기로 시작해서 메리야스뜨기로 5단을 뜹니다.

Row 72 : 겉뜨기 1코, 왼코 겹쳐 2코 모아뜨기, (겉뜨기 2코, 왼코 겹쳐 2코 모아뜨기)×14번, 겉뜨기 1코를 뜹니다. (45코)

Row 73~75 : 안뜨기로 시작해서 메리야스뜨기로 3단을 뜹니다.

Row 76 : 겉뜨기 1코, (겉뜨기 1코, 왼코 겹쳐 2코 모아뜨기)×14번, 겉뜨기 2코를 뜹니다. (31코)

Row 77 : 안뜨기로 1단을 뜹니다.

Row 78 : (왼코 겹쳐 2코 모아뜨기)×15번, 겉뜨기 1코를 뜹니다. (16코)

✱ 돗바늘에 코를 옮겨 조여줍니다.

● **코**

✱ 오렌지색 실로 바늘에 시작코 13코를 만들어줍니다.

Row 1~6 : 안뜨기로 시작해서 메리야스뜨기로 6단을 뜹니다.

✱ 돗바늘에 코를 옮겨 조여줍니다.

● **팔 (2개)**

✱ 아이보리색 실로 바늘에 시작코 8코를 만들어줍니다.

Row 1 : 안뜨기로 1단을 뜹니다.

Row 2 : 위의 8코를 모두 앞뒤 겉뜨기로 코 늘리기로 뜹니다. (16코)

Row 3~7 : 안뜨기로 시작해서 메리야스뜨기로 5단을 뜹니다.

✱ 옐로우색으로 실을 바꿔서 떠 줍니다.

Row 8~16 : 겉뜨기로 시작해서 메리야스뜨기로 9단을 뜹니다.

Row 17 : (왼코 겹쳐 2코 모아 안뜨기)×8번을 뜹니다. (8코)

✱ 돗바늘에 코를 옮겨 조여줍니다.

● 다리 (2개)

* 그린색 실로 바늘에 시작코 9코를 만들어줍니다.

Row 1 : 안뜨기로 1단을 뜹니다.

Row 2 : (겉뜨기 1코, 돌려뜨기로 코 늘리기 1번)×8번, 겉뜨기 1코를 뜹니다. (17코)

Row 3 : 안뜨기로 1단을 뜹니다.

Row 4 : (겉뜨기 2코, 돌려뜨기로 코 늘리기 1번)×8번, 겉뜨기 1코를 뜹니다. (25코)

Row 5 : 안뜨기로 1단을 뜹니다.

Row 6 : 겉뜨기 2코, (돌려뜨기로 코 늘리기 1번, 겉뜨기 3코)×7번, 돌려뜨기로 코 늘리기 1번, 겉뜨기 2코를 뜹니다. (33코)

Row 7 : 안뜨기로 1단을 뜹니다.

Row 8 : 겉뜨기 2코, (돌려뜨기로 코 늘리기 1번, 겉뜨기 4코)×7번, 돌려뜨기로 코 늘리기 1번, 겉뜨기 3코를 뜹니다. (41코)

Row 9~13 : 안뜨기로 시작해서 메리야스뜨기로 5단을 뜹니다.

Row 14 : 겉뜨기 12코, (왼코 겹쳐 2코 모아뜨기, 겉뜨기 1코)×5번, 왼코 겹쳐 2코 모아뜨기, 겉뜨기 12코를 뜹니다. (35코)

Row 15 : 안뜨기로 1단을 뜹니다.

Row 16 : 겉뜨기 13코, (왼코 겹쳐 2코 모아뜨기)×5번, 겉뜨기 12코를 뜹니다. (30코)

Row 17 : 안뜨기로 1단을 뜹니다.

Row 18 : 겉뜨기 9코, 겉뜨기하면서 코막음 12번, 겉뜨기 8코를 뜹니다. (18코)

Row 19~21 : 안뜨기로 시작해서 메리야스뜨기로 3단을 뜹니다.

Row 22 : 안뜨기로 1단을 뜹니다.

Row 23 : 겉뜨기로 1단을 뜹니다.

* 핑크색으로 실을 바꿔서 떠 줍니다.

Row 24~32 : 겉뜨기로 시작해서 메리야스뜨기로 9단을 뜹니다.

* 안뜨기로 코막음을 해줍니다.

● 귀 (2개)

✱ 브라운색 실로 바늘에 시작코 14코를 만들어줍니다.

Row 1 : 안뜨기로 1단을 뜹니다.

Row 2 : 위의 14코를 모두 앞뒤 겉뜨기로 코 늘리기로 뜹니다. (28코)

Row 3~9 : 안뜨기로 시작해서 메리야스뜨기로 7단을 뜹니다.

Row 10~23 : 매 단 처음을 뜰 때는 왼코 겹쳐 2코 모아뜨기로 시작하면서 메리야스뜨기로 14단을 뜹니다. (14코)

Row 24 : (왼코 겹쳐 2코 모아뜨기)×7번을 뜹니다. (7코)

✱ 안뜨기로 코막음을 해줍니다.

● 꼬리

✱ 브라운색 실로 바늘에 시작코 13코를 만들어줍니다.

Row 1~10 : 겉뜨기로 시작해서 메리야스뜨기로 10단을 뜹니다.

Row 11 : (겉뜨기 1코, 왼코 겹쳐 2코 모아뜨기)×4번, 겉뜨기 1코를 뜹니다. (9코)

Row 12~18 : 안뜨기로 시작해서 메리야스뜨기로 7단을 뜹니다.

Row 19 : (겉뜨기 1코, 왼코 겹쳐 2코 모아뜨기)×3번을 뜹니다. (6코)

✱ 돗바늘에 코를 옮겨 조여줍니다.

● 리본

✱ 퍼플색 실로 바늘에 시작코 28코를 만들어줍니다.

Row 1 : 겉뜨기로 1단을 뜹니다.

Row 2 : 안뜨기로 1단을 뜹니다.

Row 3 : 화이트색 실을 새로 걸어 겉뜨기로 1단을 뜹니다.

Row 4 : 뜨고 있는 편물을 바늘의 반대쪽으로 밀어서 퍼플색 실로 겉뜨기 1단을 뜹니다.

Row 5 : 안뜨기로 1단을 뜹니다.

Row 6 : 겉뜨기로 1단을 뜹니다.

✱ 안뜨기로 코막음을 해줍니다.

● 리본 가운데 묶는 부분

✱ 퍼플색 실로 바늘에 시작코 3코를 만들어줍니다.

Row 1~8 : 겉뜨기로 시작해서 메리야스뜨기로 8단을 뜹니다.

✱ 겉뜨기로 코막음을 해줍니다.

도안

다리

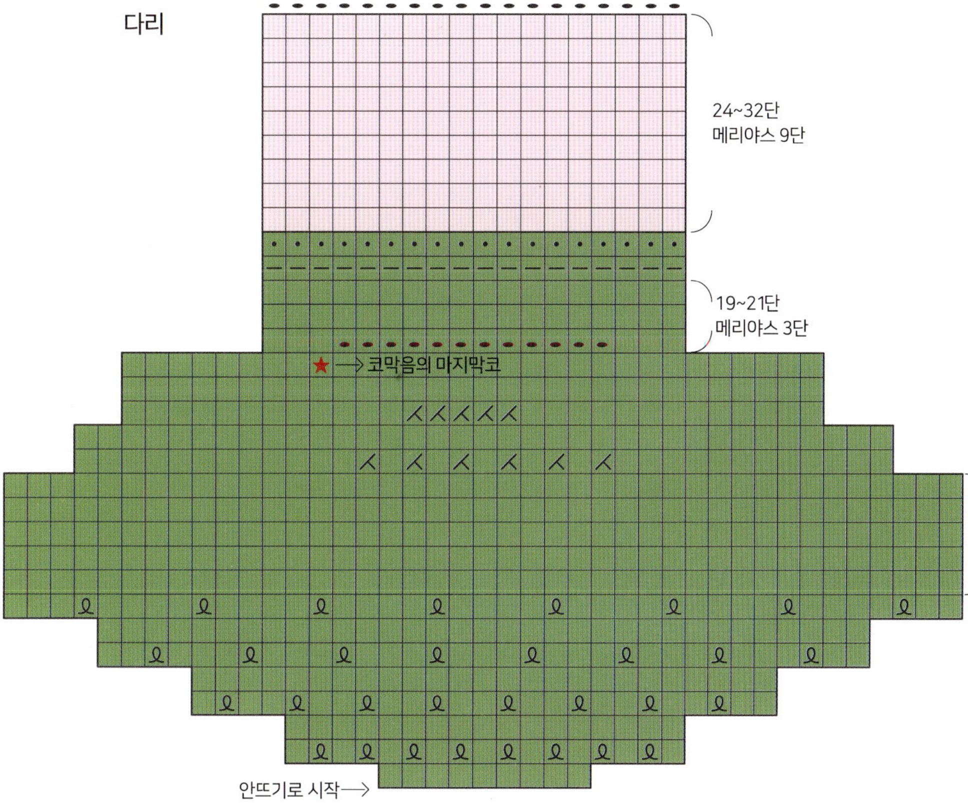

24~32단
메리야스 9단

19~21단
메리야스 3단

★→ 코막음의 마지막코

9~13단
메리야스 5단

안뜨기로 시작→

꼬리

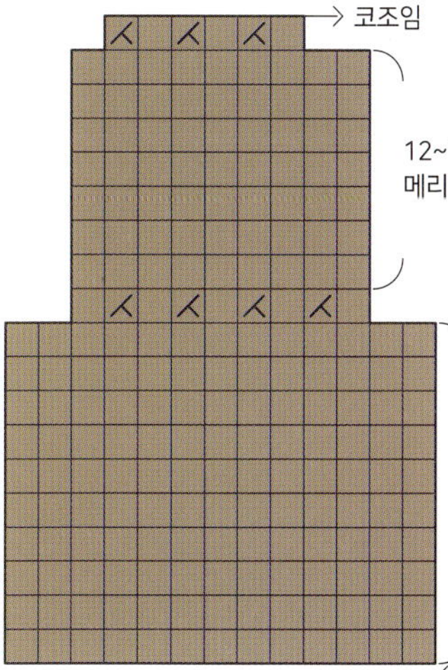

→ 코조임

12~18단
메리야스 7단

1~10단
메리야스 10단

←겉뜨기로 시작

팔

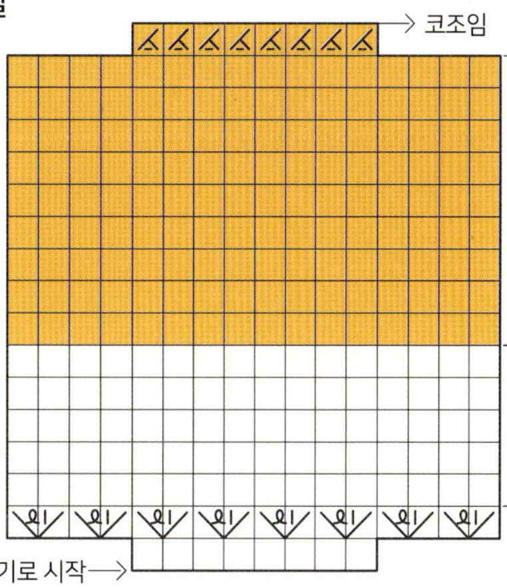

→ 코조임

8~16단
메리야스 9단

3~7단
메리야스 5단

안뜨기로 시작→

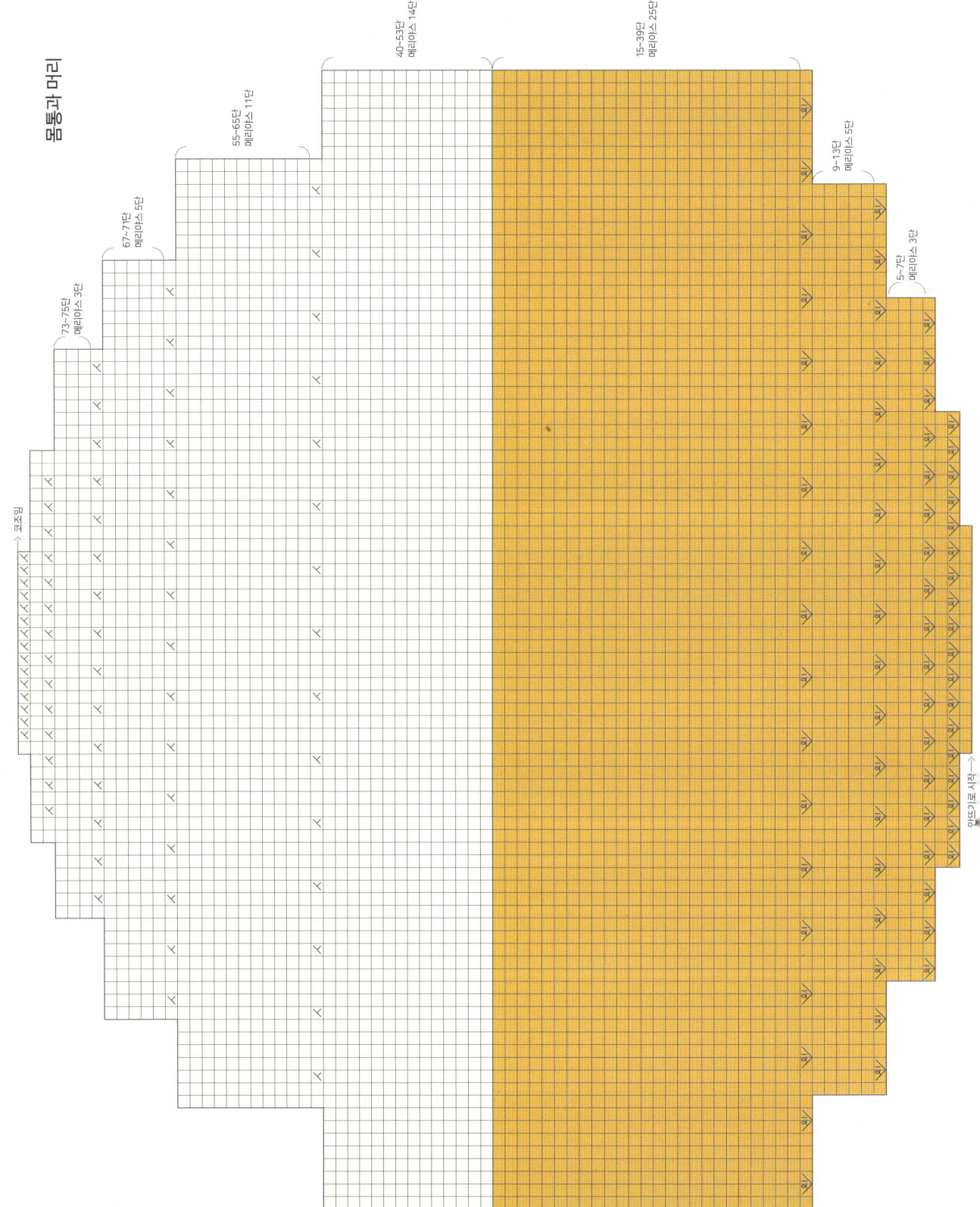

리본 가운데 묶는 부분   **리본**

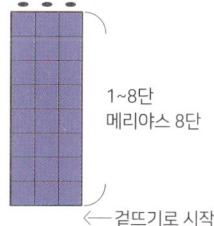
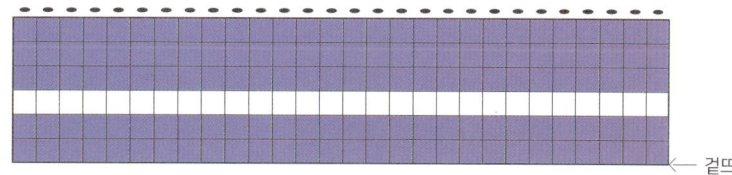

★ 4단은 뜨고 있는 편물을 바늘의 반대 방향으로 밀어서 겉뜨기해줍니다.

코

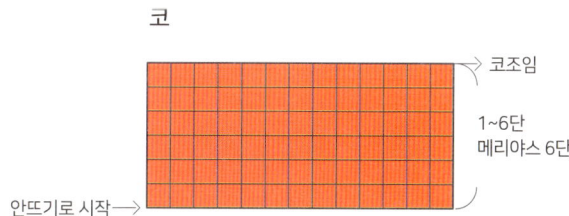

귀

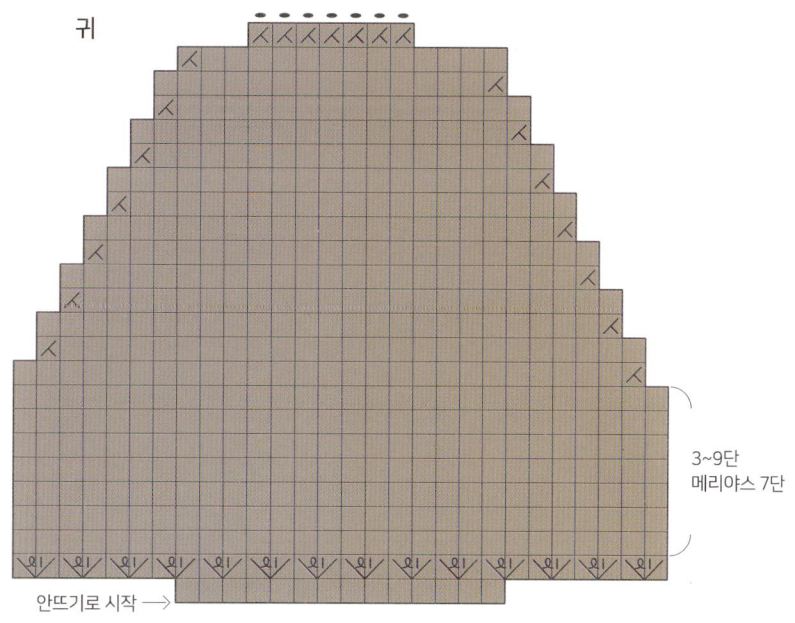

뜨는 방법 및 조립 과정

1. 편물을 다 뜨고 돗바늘에 코를 옮긴 후 당겨서 조여줍니다.

2. 뒷부분 꿰맬 자리를 시침핀으로 고정해놓고 반을 접어놓습니다.

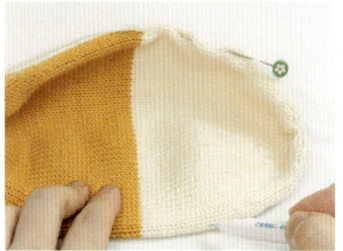

3. 얼굴의 한가운데를 정해 눈을 달아줄 위치를 표시해줍니다.

4. 눈 단추를 달아준 후 메리야스잇기로 위아래를 꿰매 창구멍을 조금 남겨 솜을 채워 모양을 만들어줍니다.

5. 코 부분 편물을 뜬 후 코를 조여 마무리합니다.

6. 코에 솜을 살짝 넣어 동그랗게 만들어줍니다.

7. 동그랗게 솜을 넣은 코를 눈 아래 위치를 잡아 메리야스잇기로 달아줍니다.

8. 귀 편물을 뜬 후 메리야스잇기로 옆 부분을 꿰매줍니다.

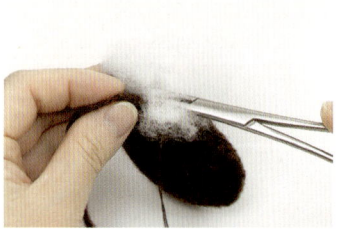

9. 귀 부분을 끝까지 꿰매기 전에 솜을 가볍게 넣어줍니다.

10. 귀를 달아줄 자리를 정해서 표시해준 후 메리야스잇기로 귀를 달아줍니다.

11. 다리 부분을 메리야스잇기로 꿰매줍니다.

12. 다리의 벌어진 곳으로 솜을 채워 넣어 모양을 만들어줍니다.

13. 발 부분에 솜을 채워 넣고 솜을 넣었던 구멍 부분을 꿰매 실을 정리한 후 다리에 바느질할 곳을 미리 표시해줍니다.

14. 리본을 만들어 몸의 가운데 위치에 달아줍니다.

15. 몸의 중심에 시침핀으로 미리 표시해 두고 다리를 달아줄 위치를 정해줍니다.

16. 미리 표시해둔 위치에 다리가 대칭이 되도록 메리야스잇기로 달아줍니다.

17. 팔 끝의 양쪽 코를 모은 후 감침질하여 조이고 메리야스잇기로 꿰맵니다. 창구멍을 조금 남겨놓고 솜을 넣어준 후 바느질을 마무리합니다.

18. 만들어둔 팔을 몸의 양쪽에 메리야스잇기로 바느질해줍니다.

19. 꼬리를 메리야스잇기로 꿰매줍니다.

20. 꼬리 구멍에 약간의 솜을 넣어줍니다.

21. 몸의 뒤쪽 아랫부분 가운데에 꼬리를 메리야스잇기로 달아줍니다.

≋ 02 ≋
동글이 파란 고양이

실과 도구

눈 코믹 단추 눈

귀 SIRDAR / Country style #434 light grey

몸통, 머리, 팔
SIRDAR / Country style #412 white, #397 sky blue

코 Jamieson&Smith / moss green

리본 Jamieson&Smith / #93 red

발 SIRDAR / Country style #441 navy

인형 사이즈 약 15cm
바늘 2.5mm

사용되는 뜨개법

겉뜨기 (k)

안뜨기 (p)

왼코 겹쳐 2코 모아뜨기 (k2tog)

왼코 겹쳐 2코 모아 안뜨기 (p2tog)

앞뒤 겉뜨기로 코 늘리기 (inc, kfb)

앞뒤 안뜨기로 코 늘리기 (pfb)

돌려뜨기로 코 늘리기 (m1)

메리야스뜨기 (st-st)

코막음 (cast off)

코조임 (b&t)

패턴

● **몸통과 머리**

✱ 스카이블루색 실로 바늘에 18코를 만들어줍니다.

Row 1 : 안뜨기로 1단을 뜹니다.

Row 2 : 위의 18코를 모두 앞뒤 겉뜨기로 코 늘리기로 뜹니다. (36코)

Row 3 : 안뜨기로 1단을 뜹니다.

Row 4 : (겉뜨기 1코, 앞뒤 겉뜨기로 코 늘리기 1번)×18번을 뜹니다. (54코)

Row 5~7 : 안뜨기로 시작해서 메리야스뜨기로 3단을 뜹니다.

Row 8 : 겉뜨기 1코, 앞뒤 겉뜨기로 코 늘리기 1번, (겉뜨기 2코, 앞뒤 겉뜨기로 코 늘리기 1번)×17번, 겉뜨기 1코를 뜹니다. (72코)

Row 9~13 : 안뜨기로 시작해서 메리야스뜨기로 5단을 뜹니다.

Row 14 : 겉뜨기 2코, 앞뒤 겉뜨기로 코 늘리기 1번, (겉뜨기 3코, 앞뒤 겉뜨기로 코 늘리기 1번)×17번, 겉뜨기 1코를 뜹니다. (90코)

Row 15~39 : 안뜨기로 시작해서 메리야스뜨기로 25단을 뜹니다.

✱ 화이트색으로 실을 바꿔서 떠 줍니다.

Row 40~53 : 겉뜨기로 시작해서 메리야스뜨기로 14단을 뜹니다.

Row 54 : 겉뜨기 2코, 왼코 겹쳐 2코 모아뜨기, (겉뜨기 4코, 왼코 겹쳐 2코 모아뜨기)×14번, 겉뜨기 2코를 뜹니다. (75코)

Row 55~65 : 안뜨기로 시작해서 메리야스뜨기로 11단을 뜹니다.

Row 66 : 겉뜨기 2코, 왼코 겹쳐 2코 모아뜨기, (겉뜨기 3코, 왼코 겹쳐 2코 모아뜨기)×14번, 겉뜨기 1코를 뜹니다. (60코)

Row 67~71 : 안뜨기로 시작해서 메리야스뜨기로 5단을 뜹니다.

Row 72 : 겉뜨기 1코, 왼코 겹쳐 2코 모아뜨기, (겉뜨기 2코, 왼코 겹쳐 2코 모아뜨기)×14번, 겉뜨기 1코를 뜹니다. (45코)

Row 73~75 : 안뜨기로 시작해서 메리야스뜨기로 3단을 뜹니다.

Row 76 : 겉뜨기 1코, (겉뜨기 1코, 왼코 겹쳐 2코 모아뜨기)×14번, 겉뜨기 2코를 뜹니다. (31코)

Row 77 : 안뜨기로 1단을 뜹니다.

Row 78 : (왼코 겹쳐 2코 모아뜨기)×15번, 겉뜨기 1코를 뜹니다. (16코)

✱ 돗바늘에 코를 옮겨 조여줍니다.

● 팔 (2개)

✽ 화이트색 실로 바늘에 8코를 만들어줍니다.

Row 1 : 안뜨기로 1단을 뜹니다.

Row 2 : 위의 8코를 모두 앞뒤 겉뜨기로 코 늘리기로 뜹니다. (16코)

Row 3~7 : 안뜨기로 시작해서 메리야스뜨기로 5단을 뜹니다.

✽ 스카이 블루색으로 실을 바꿔서 떠 줍니다.

Row 8~16 : 겉뜨기로 시작해서 메리야스뜨기로 9단을 뜹니다.

Row 17 : (왼코 겹쳐 2코 모아 안뜨기)×8번을 뜹니다. (8코)

✽ 돗바늘에 코를 옮겨 조여줍니다.

● 발 (2개)

✽ 네이비색 실로 바늘에 20코를 만들어줍니다.

Row 1 : 안뜨기로 1단을 뜹니다.

Row 2 : (겉뜨기 1코, 앞뒤 겉뜨기로 코 늘리기 1번)×5번, (앞뒤 겉뜨기로 코 늘리기 1번, 겉뜨기 1코)×5번을 뜹니다. (30코)

Row 3 : 안뜨기로 1단을 뜹니다.

Row 4 : 겉뜨기 2코, 돌려뜨기로 코 늘리기 1번, 겉뜨기 11코, (돌려뜨기로 코 늘리기 1번, 겉뜨기 1코)×5번, 겉뜨기 10코, 돌려뜨기로 코 늘리기 1번, 겉뜨기 2코를 뜹니다. (37코)

Row 5 : 안뜨기 23코를 뜬 후 편물을 뒤집습니다.

Row 6 : 첫 번째 코를 뜨지 말고 오른쪽 바늘로 이동시켜 겉뜨기로 8코를 떠준 후 편물을 다시 뒤집습니다.

Row 7 : 다시 첫 번째 코를 뜨지 말고 오른쪽 바늘로 이동시켜 안뜨기로 끝까지 떠 줍니다.

Row 8~11 : 겉뜨기로 시작해서 메리야스뜨기로 4단을 뜹니다.

Row 12 : 겉뜨기 12코, (왼코 겹쳐 2코 모아뜨기)×3번, 겉뜨기 1코, (왼코 겹쳐 2코 모아뜨기)×3번, 겉뜨기 12코를 뜹니다. (31코)

Row 13~15 : 안뜨기로 시작해서 메리야스뜨기로 3단을 뜹니다.

Row 16 : 겉뜨기 1코, (왼코 겹쳐 2코 모아뜨기, 겉뜨기 1코)×10번을 뜹니다. (21코)

✽ 안뜨기로 코막음을 해줍니다.

● 귀 (2개)

✽ 그레이색 실로 바늘에 14코를 만들어줍니다.

Row 1 : 겉뜨기로 1단을 뜹니다.

Row 2~13 : 첫 코를 왼코 겹쳐 2코 모아뜨기로 뜨면서 메리야스뜨기로 12단을 뜹니다. (2코)

Row 14~25 : 첫 코를 앞뒤 코 늘리기로 뜨면서 메리야스뜨기로 12단을 뜹니다. (14코)

Row 26 : 안뜨기로 1단을 뜹니다.

✽ 겉뜨기로 코막음을 해줍니다.

● 꼬리

✽ 화이트색 실로 바늘에 18코를 만들어줍니다.

Row 1~4 : 화이트색 실로 겉뜨기로 시작해서 메리야스뜨기로 4단을 뜹니다.

Row 5 : 그레이색 실로 겉뜨기 4코, 왼코 겹쳐 2코 모아뜨기, 겉뜨기 6코, 왼코 겹쳐 2코 모아뜨기, 겉뜨기 4코를 뜹니다. (16코)

Row 6~8 : 안뜨기로 시작해서 메리야스뜨기로 3단을 뜹니다.

Row 9 : 화이트색 실로 겉뜨기 4코, 2코 모아 겉뜨기, 겉뜨기 4코, 2코 모아 겉뜨기, 겉뜨기 4코를 뜹니다. (14코)

Row 10~12 : 안뜨기로 시작해서 메리야스뜨기로 3단을 뜹니다.

Row 13~16 : 그레이색 실로 겉뜨기로 시작해서 메리야스뜨기로 4단을 뜹니다.

Row 17~20 : 화이트색 실로 겉뜨기로 시작해서 메리야스뜨기로 4단을 뜹니다.

Row 21~24 : 그레이색 실로 겉뜨기로 시작해서 메리야스뜨기로 4단을 뜹니다.

Row 25 : 화이트색 실로 겉뜨기 3코, 왼코 겹쳐 2코 모아뜨기, 겉뜨기 4코, 왼코 겹쳐 2코 모아뜨기, 겉뜨기 3코를 뜹니다. (12코)

Row 26~28 : 안뜨기로 시작해서 메리야스뜨기로 3단을 뜹니다.

Row 29~32 : 그레이색 실로 겉뜨기로 시작해서 메리야스뜨기로 4단을 뜹니다.

Row 33~36 : 화이트실로 겉뜨기로 시작해서 메리야스뜨기로 4단을 뜹니다.

Row 37~40 : 그레이색 실로 겉뜨기로 시작해서 메리야스뜨기로 4단을 뜹니다.

✽ 돗바늘에 코를 옮겨 조여줍니다.

● 코

✽ 모스그린색 실로 바늘에 13코를 만들어줍니다.

Row 1~6 : 안뜨기로 시작해서 메리야스뜨기로 6단을 뜹니다.

✽ 돗바늘에 코를 옮겨 조여줍니다.

● 리본

✽ 레드색 실로 바늘에 28코를 만들어줍니다.

Row 1 : 겉뜨기로 1단을 뜹니다.

Row 2 : 안뜨기로 1단을 뜹니다.

Row 3 : 화이트색 실을 새로 걸어 겉뜨기로 1단을 뜹니다.

Row 4 : 다시 레드색 실로 뜨고 있는 편물을 바늘의 반대쪽으로 밀어서 겉뜨기 1단을 뜹니다.

Row 5 : 안뜨기로 1단을 뜹니다.

Row 6 : 겉뜨기로 1단을 뜹니다.

✽ 안뜨기로 코막음을 해줍니다.

● 리본 가운데 묶는 부분

✽ 레드색 실로 바늘에 3코를 만들어줍니다.

Row 1~8 : 겉뜨기로 시작해서 메리야스뜨기로 8단을 뜹니다.

✽ 겉뜨기로 코막음을 해줍니다.

도안

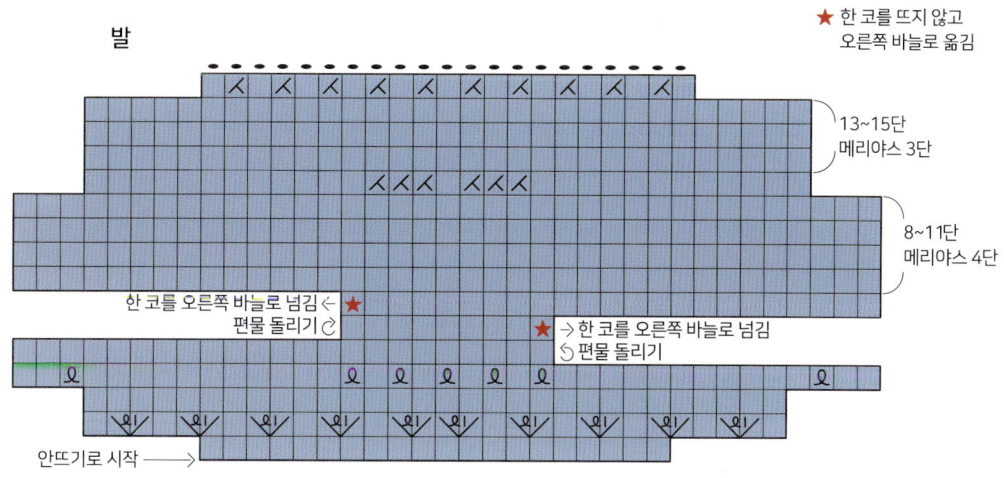

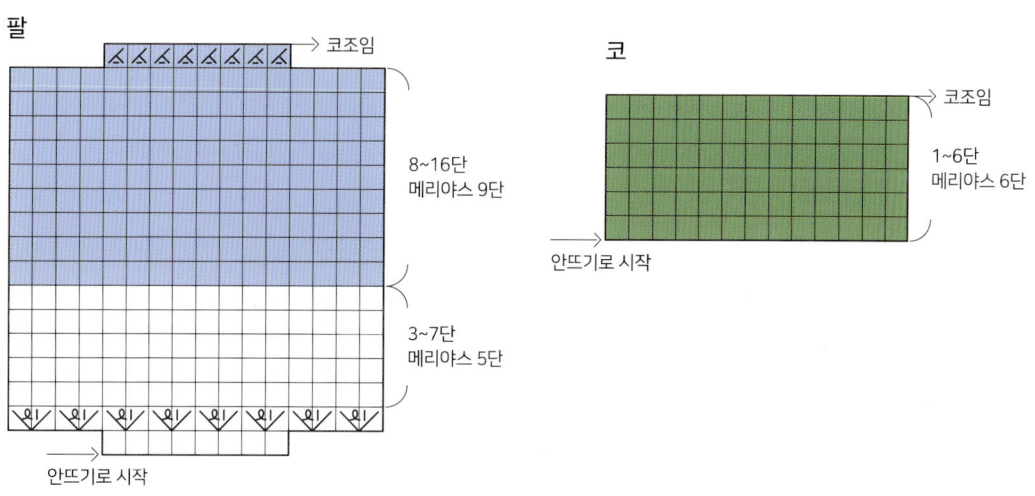

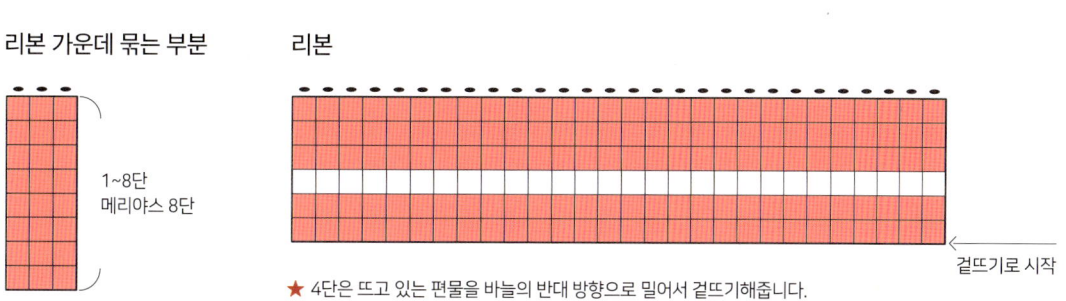

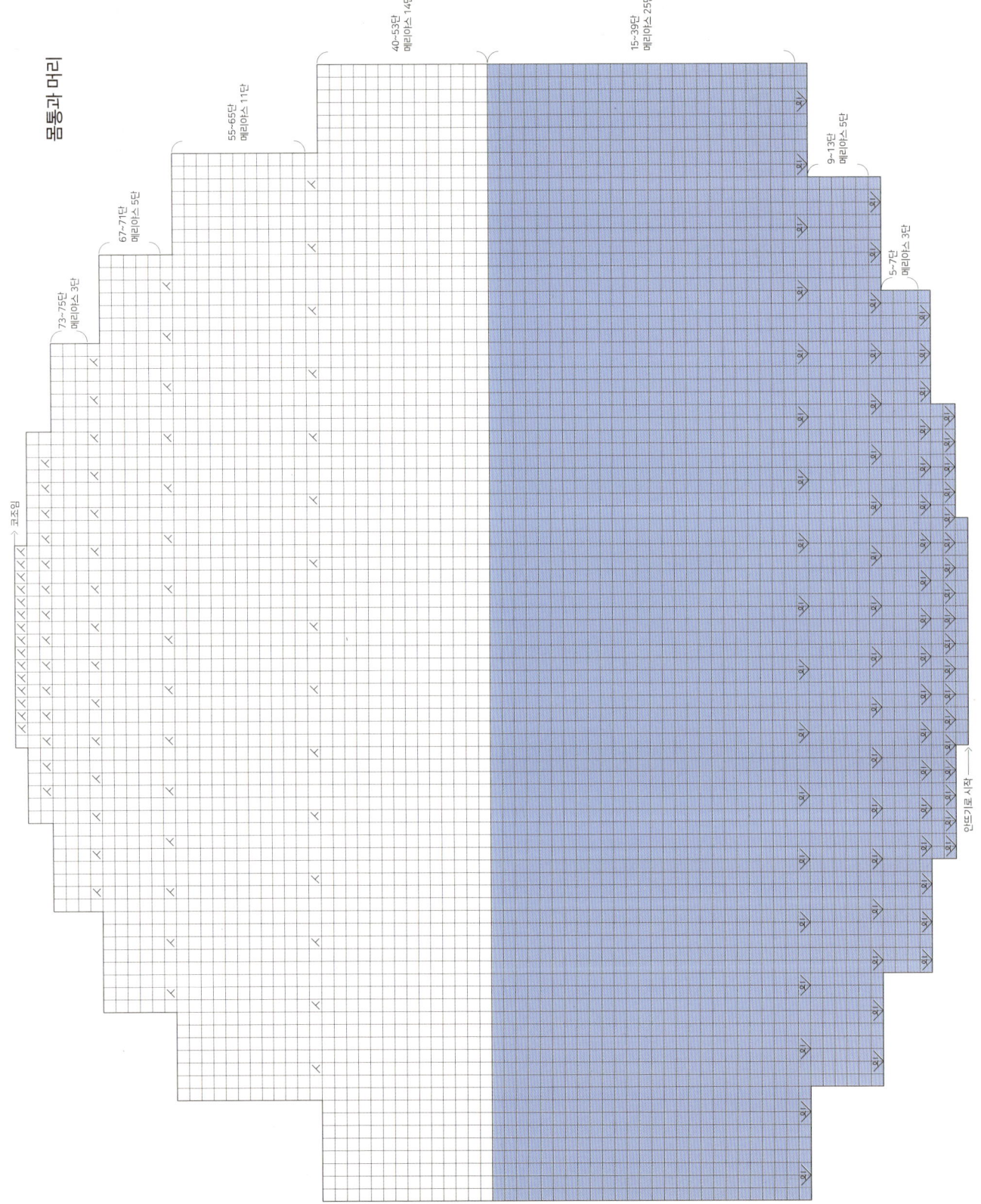

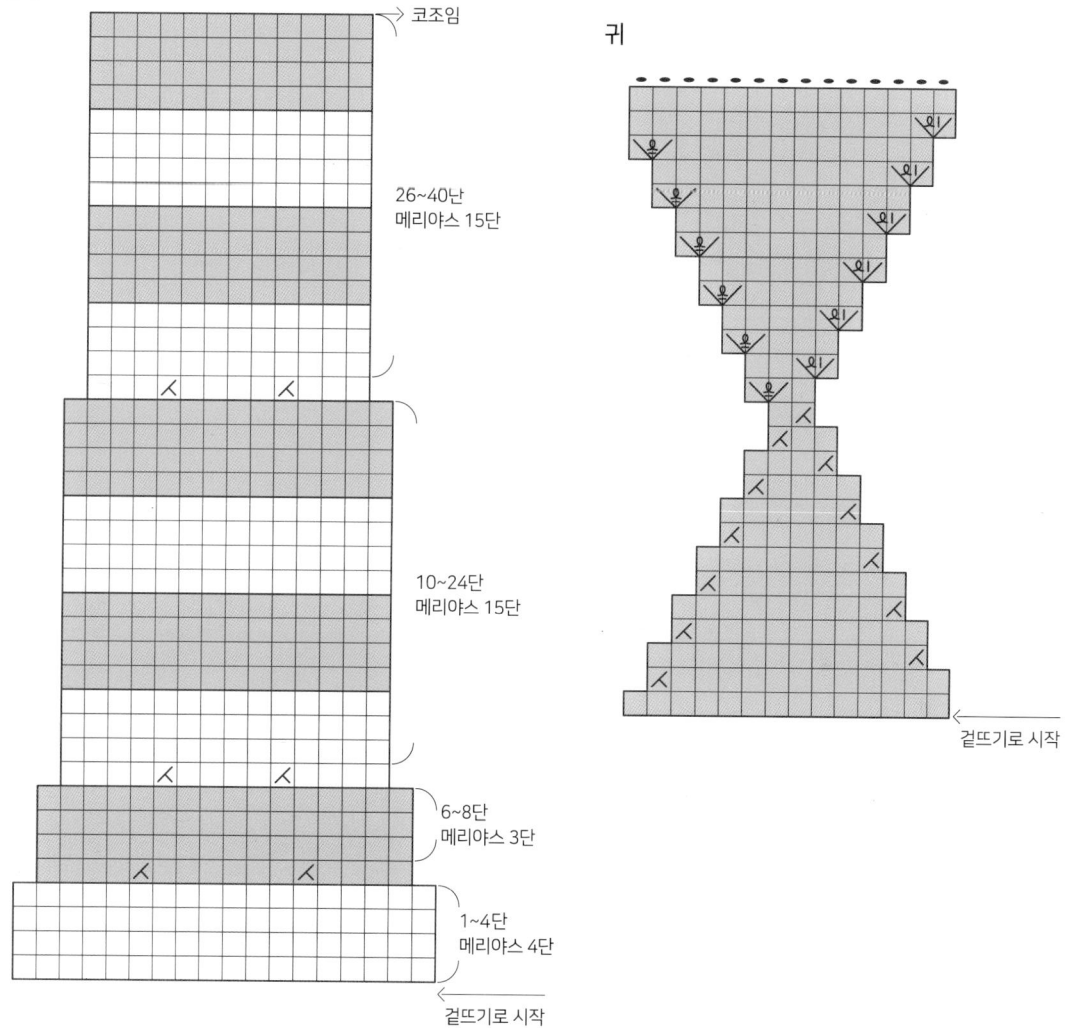

뜨는 방법 및 조립 과정

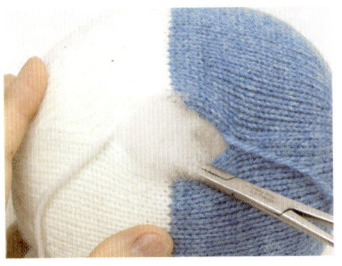

1. '동글이 노란 강아지' 3번 과정까지와 동일한 방법으로 완성합니다. 눈 단추를 먼저 달고 메리야스잇기로 위아래를 꿰맨 후 창구멍을 조금 남겨 솜을 넣어 모양을 만들어줍니다.

2. 아랫부분도 구멍을 남겨 아래에서도 솜을 넣을 수 있도록 합니다.

3. 귀 2개를 똑같이 만들어놓습니다.

4. 감침질로 귀 양옆을 꿰매줍니다.

5. 시침핀을 이용해 귀의 위치를 양쪽으로 고정해줍니다.

6. 귀를 달아주기 전에 솜을 살짝 넣어 모양을 살려줍니다.

7. 발뒤꿈치부터 메리야스잇기로 꿰매놓습니다.

8. 발에 솜을 넣고 몸 아랫부분에 발을 메리야스잇기로 꿰매주는데, 바느질을 끝내기 전 솜을 조금 더 채워 마무리합니다.

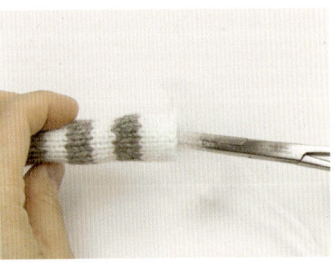

9. 꼬리는 줄무늬를 맞춰 메리야스잇기로 꿰맨 후 솜을 넣어줍니다.

10. 몸과 꼬리를 메리야스잇기로 연결해 줍니다.

11. 팔 양끝을 모은 후 감침질을 해 메리야 스잇기로 꿰매줍니다.

12. 팔에 솜을 넣어 같은 모양으로 2개를 만들어놓습니다.

13. 팔을 몸통의 양쪽 옆 부분에 메리야스 잇기로 연결해줍니다.

14. 코에 솜을 넣어 동그랗게 만든 후 얼굴 가운데 부분에 메리야스잇기로 달아줍니다.

15. 울 자수실로 수염을 수놓아줍니다.

16. 미리 만들어둔 리본을 달아줍니다.

≈ 03 ≈
동글이 분홍 토끼

실과 도구

귀 SIRDAR / Country style light beige

눈 코믹 단추 눈

리본 ROWAN / purewool superwash DK #108 dark blue

몸통, 머리, 팔 SIRDAR / Country style white, pink

코 Jamieson&Smith / #52 hot pink

발 ROWAN / purewool superwash DK #106 dark purple

인형 사이즈 약 15cm
바늘 2.5mm

사용되는 뜨개법

겉뜨기 (k)

안뜨기 (p)

왼코 겹쳐 2코 모아뜨기 (k2tog)

왼코 겹쳐 2코 모아 안뜨기 (p2tog)

오른코 겹쳐 2코 모아뜨기 (skpo)

앞뒤 겉뜨기로 코 늘리기 (inc, kfb)

돌려뜨기로 코 늘리기 (m1)

메리야스뜨기 (st-st)

코막음 (cast off)

코조임 (b&t)

패 턴

● 몸통과 머리

✱ 핑크색 실로 바늘에 18코를 만들어줍니다.

Row 1 : 안뜨기로 1단을 뜹니다.

Row 2 : 위의 18코를 모두 앞뒤 겉뜨기로 코 늘리기로 뜹니다. (36코)

Row 3 : 안뜨기로 1단을 뜹니다.

Row 4 : (겉뜨기 1코, 앞뒤 겉뜨기로 코 늘리기 1번)×18번을 뜹니다. (54코)

Row 5~7 : 안뜨기로 시작해서 메리야스뜨기로 3단을 뜹니다.

Row 8 : 겉뜨기 1코, 앞뒤 겉뜨기로 코 늘리기 1번, (겉뜨기 2코, 앞뒤 겉뜨기로 코 늘리기 1번)×17번, 겉뜨기 1코를 뜹니다. (72코)

Row 9~13 : 안뜨기로 시작해서 메리야스뜨기로 5단을 뜹니다.

Row 14 : 겉뜨기 2코, 앞뒤 겉뜨기로 코 늘리기 1번, (겉뜨기 3코, 앞뒤 겉뜨기로 코 늘리기 1번)×17번, 겉뜨기 1코를 뜹니다. (90코)

Row 15~39 : 안뜨기로 시작해서 메리야스뜨기로 25단을 뜹니다.

✱ 화이트색 실로 바꿔서 떠 줍니다.

Row 40~53 : 겉뜨기로 시작해서 메리야스뜨기로 14단을 뜹니다.

Row 54 : 겉뜨기 2코, 왼코 겹쳐 2코 모아뜨기, (겉뜨기 4코, 왼코 겹쳐 2코 모아뜨기)×14번, 겉뜨기 2코를 뜹니다. (75코)

Row 55~65 : 안뜨기로 시작해서 메리야스뜨기로 11단을 뜹니다.

Row 66 : 겉뜨기 2코, 왼코 겹쳐 2코 모아뜨기, (겉뜨기 3코, 왼코 겹쳐 2코 모아뜨기)×14번, 겉뜨기 1코를 뜹니다. (60코)

Row 67~71 : 안뜨기로 시작해서 메리야스뜨기로 5단을 뜹니다.

Row 72 : 겉뜨기 1코, 왼코 겹쳐 2코 모아뜨기, (겉뜨기 2코, 왼코 겹쳐 2코 모아뜨기)×14번, 겉뜨기 1코를 뜹니다. (45코)

Row 73~75 : 안뜨기로 시작해서 메리야스뜨기로 3단을 뜹니다.

Row 76 : 겉뜨기 1코, (겉뜨기 1코, 왼코 겹쳐 2코 모아뜨기)×14번, 겉뜨기 2코를 뜹니다. (31코)

Row 77 : 안뜨기로 1단을 뜹니다.

Row 78 : (왼코 겹쳐 2코 모아뜨기)×15번, 겉뜨기 1코를 뜹니다. (16코)

✱ 돗바늘에 코를 옮겨 조여줍니다.

● 팔 (2개)

✱ 화이트색 실로 바늘에 8코를 만들어줍니다.

Row 1 : 안뜨기로 1단을 뜹니다.

Row 2 : 위의 8코를 모두 앞뒤 겉뜨기로 코 늘리기로 뜹니다. (16코)

Row 3~7 : 안뜨기로 시작해서 메리야스뜨기로 5단을 뜹니다.

✱ 핑크색으로 실을 바꿔서 떠 줍니다.

Row 8~16 : 겉뜨기로 시작해서 메리야스뜨기로 9단을 뜹니다.

Row 17 : (왼코 겹쳐 2코 모아 안뜨기)×8번을 뜹니다. (8코)

✱ 돗바늘에 코를 옮겨 조여줍니다.

● 발 (2개)

* 다크퍼플색 실로 바늘에 20코를 만들어줍니다.

Row 1 : 안뜨기로 1단을 뜹니다.

Row 2 : (겉뜨기 1코, 앞뒤 겉뜨기로 코 늘리기 1번)×5번, (앞뒤 겉뜨기로 코 늘리기 1번, 겉뜨기 1코)×5번을 뜹니다. (30코)

Row 3 : 안뜨기로 1단을 뜹니다.

Row 4 : 겉뜨기 2코, 돌려뜨기로 코 늘리기 1번, 겉뜨기 11코, (돌려뜨기로 코 늘리기 1번, 겉뜨기 1코)×5번, 겉뜨기 10코, 돌려뜨기로 코 늘리기 1번, 겉뜨기 2코를 뜹니다. (37코)

Row 5 : 안뜨기 23코를 뜬 후 편물을 뒤집습니다.

Row 6 : 첫 번째 코를 뜨지 말고 오른쪽 바늘로 이동시켜 겉뜨기로 8코 떠준 후 편물을 다시 뒤집습니다.

Row 7 : 다시 첫 번째 코를 뜨지 말고 오른쪽 바늘로 이동시켜 안뜨기로 끝까지 떠줍니다.

Row 8~11 : 겉뜨기로 시작해서 메리야스뜨기로 4단을 뜹니다.

Row 12 : 겉뜨기 12코, (왼코 겹쳐 2코 모아뜨기)×3번, 겉뜨기 1코, (왼코 겹쳐 2코 모아뜨기×3번), 겉뜨기 12코를 뜹니다. (31코)

Row 13~15 : 안뜨기로 시작해서 메리야스뜨기로 3단을 뜹니다.

Row 16 : 겉뜨기 1코, (왼코 겹쳐 2코 모아뜨기, 겉뜨기 1코)× 10번을 뜹니다. (21코)

* 안뜨기로 코막음을 해줍니다.

● 귀 (2개)

* 라이트베이지색 실로 바늘에 8코를 만들어줍니다.

Row 1 : 안뜨기로 1단을 뜹니다.

Row 2 : 위의 8코를 모두 앞뒤 겉뜨기로 코 늘리기로 뜹니다. (16코)

Row 3~18 : 안뜨기로 시작해서 메리야스뜨기로 16단을 뜹니다.

Row 19 : (왼코 겹쳐 2코 모아 안뜨기)×8번을 뜹니다. (8코)

* 돗바늘에 코를 옮겨 조여줍니다.

● 꼬리

* 라이트베이지색 실로 바늘에 12코를 만들어줍니다.

Row 1 : 겉뜨기로 1단을 뜹니다.

Row 2 : 안뜨기로 1단을 뜹니다.

Row 3 : 겉뜨기 1코, (겉뜨기 1코, 앞뒤 겉뜨기로 코 늘리기 1번)× 5번, 겉뜨기 2코를 뜹니다. (18코)

Row 4~8 : 안뜨기로 시작해서 메리야스뜨기로 5단을 뜹니다.

Row 9 : (겉뜨기 1코, 왼코 겹쳐 2코 모아뜨기)×6번을 뜹니다. (12코)

Row 10 : 안뜨기로 1단을 뜹니다.

Row 11 : (왼코 겹쳐 2코 모아뜨기)×6번을 뜹니다. (6코)

* 돗바늘에 코를 옮겨 조여줍니다.

● 코

* 핫핑크색 실로 바늘에 13코를 만들어줍니다.

Row 1~6 : 안뜨기로 시작해서 메리야스뜨기로 6단을 뜹니다.

* 돗바늘에 코를 옮겨 조여줍니다.

● 리본

* 블루색 실로 바늘에 28코를 만들어줍니다.

Row 1 : 겉뜨기로 1단을 뜹니다.

Row 2 : 안뜨기로 1단을 뜹니다.

Row 3 : 화이트색 실을 새로 걸어 겉뜨기로 1단을 뜹니다.

Row 4 : 다시 블루색 실로 뜨고 있는 편물을 바늘의 반대쪽으로 밀어서 겉뜨기 1단을 뜹니다.

Row 5 : 안뜨기로 1단을 뜹니다.

Row 6 : 겉뜨기로 1단을 뜹니다.

* 안뜨기로 코막음을 해줍니다.

● 리본 가운데 묶는 부분

* 블루색 실로 바늘에 3코를 만들어줍니다.

Row 1~8 : 겉뜨기로 시작해서 메리야스뜨기로 8단을 뜹니다.

* 겉뜨기로 코막음을 해줍니다.

도안

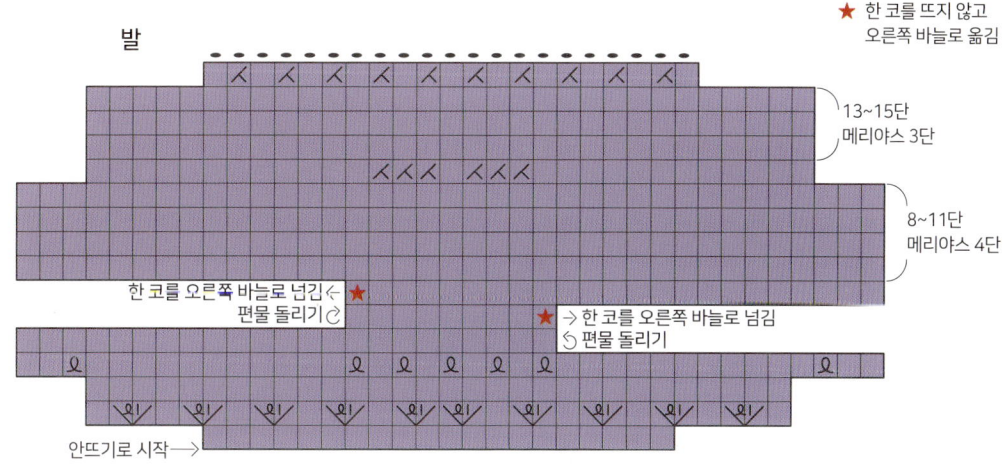

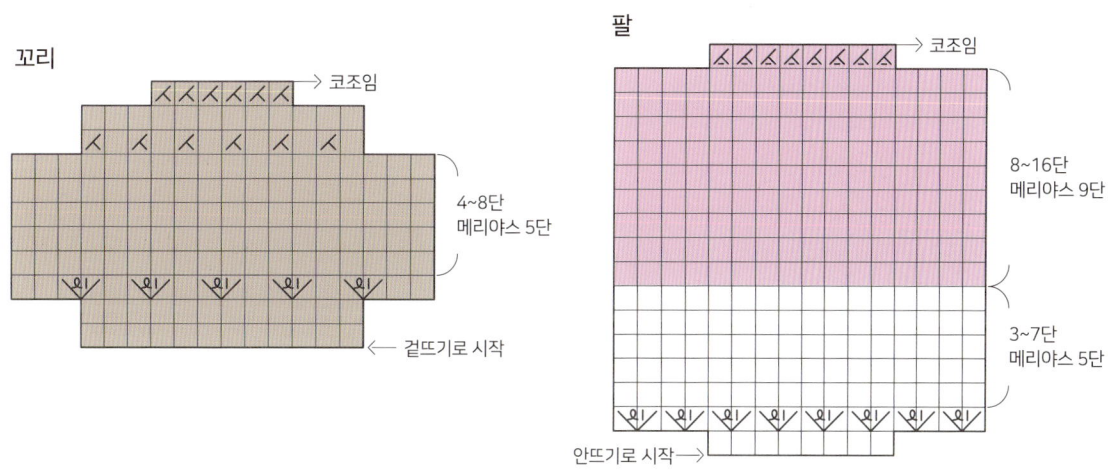

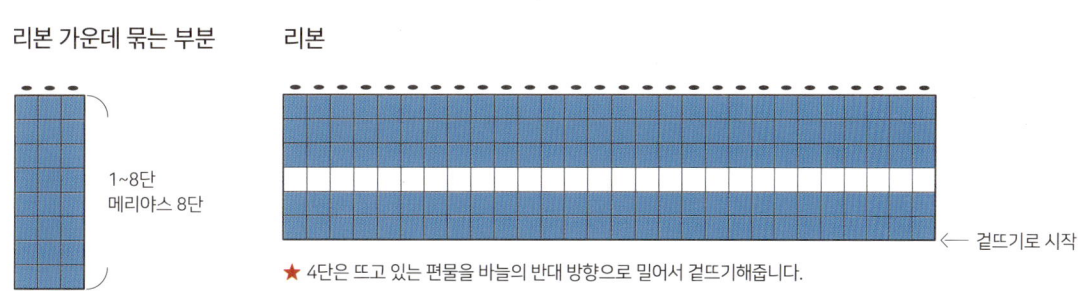

~ Lesson 02. 동글동글 귀여운 인형들 · 57 ~

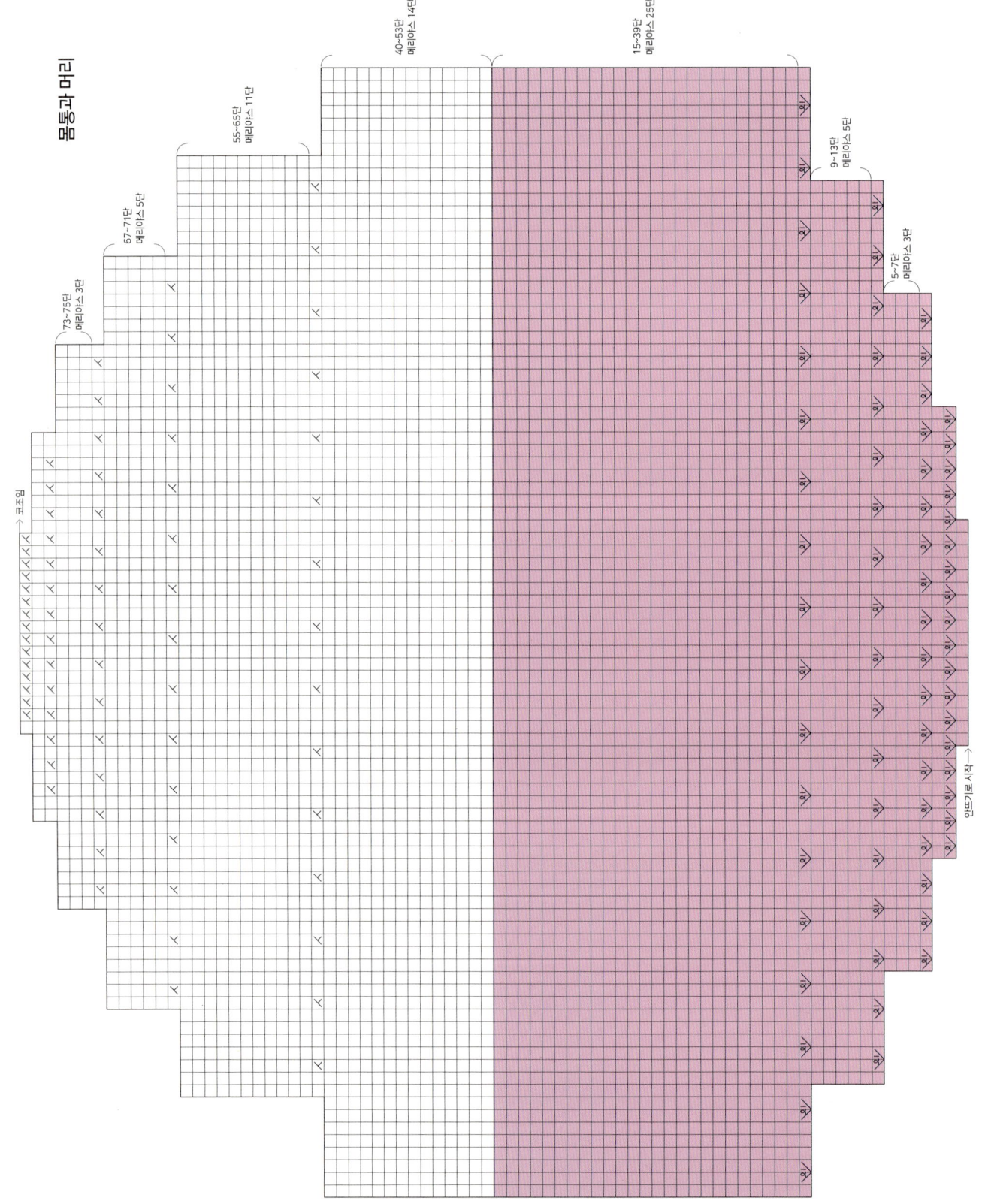

코

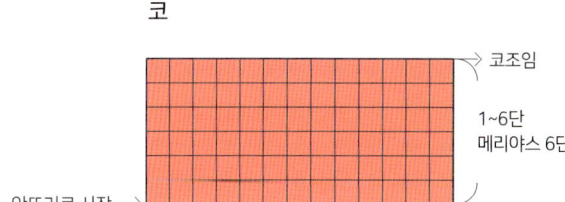

안뜨기로 시작 →　1~6단 메리야스 6단　코조임

귀

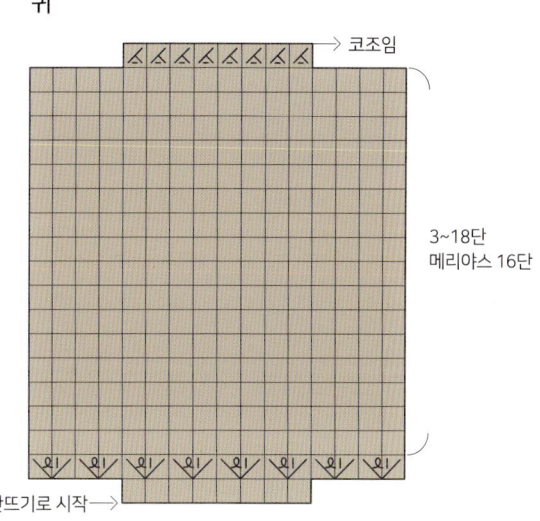

안뜨기로 시작 →　3~18단 메리야스 16단　코조임

뜨는 방법 및 조립 과정

1. '동글이 노란 강아지' 3번 과정까지와 동일한 방법으로 완성합니다. 눈 단추를 먼저 달고 메리야스잇기로 위아래를 꿰맨 후 창구멍을 조금 남겨 솜을 넣어 모양을 만들어줍니다.

2. 귀는 2개를 메리야스잇기로 꿰매줍니다.

3. 꿰매준 귀 안쪽으로 솜을 살짝 넣어줍니다.

4. 같은 과정으로 귀 2개를 만들어놓습니다.

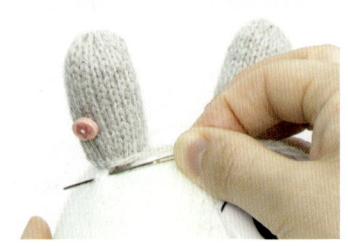

5. 머리 윗부분 양쪽으로 귀를 메리야스잇기로 달아줍니다.

6. 코에 솜을 넣어 동그랗게 모양을 만든 후 얼굴의 가운데 부분에 메리야스잇기로 달아줍니다.

7. 발뒤꿈치부터 메리야스잇기로 꿰매놓습니다.

8. 발바닥은 중심의 바깥쪽 코를 서로 마주보게 한 후 감침질합니다.

9. 발에 솜을 넣은 후 몸 아랫부분에 발을 메리야스잇기로 꿰매주는데, 바느질을 끝내기 전 솜을 조금 더 넣어 마무리합니다.

10. 양쪽으로 발을 달고 나머지 실들을 정리합니다.

11. 팔을 바느질하기 전 필요 없는 실들을 정리합니다.

12. 메리야스잇기로 꿰매다가 창구멍을 조금 남겨 솜을 넣은 후 바느질을 마무리합니다.

13. 팔을 몸통의 양쪽 옆 부분에 메리야스잇기로 연결해줍니다.

14. 리본을 만들어 몸의 가운데에 붙여줍니다.

15. 꼬리에 솜을 넣은 후 몸 아래쪽에 시침핀으로 위치를 잡아줍니다.

16. 몸과 꼬리를 메리야스잇기로 연결합니다.

Lesson
03

뽀글뽀글
곱슬머리
인형들

실과 도구

얼굴, 손, 발, 귀, 꼬리
ALPACA BOUCLE / ivory

인형 눈 6mm 인형 눈 1쌍

주둥이
ROWAN / pure wool dk #012 snow

코 와인색 자수실

몸통
KPC Yarn / Glencoul dk / Flame, lunar

바지, 어깨끈
ROWAN / purewool superwash dk #108 dark blue

인형 사이즈 약 15cm
바늘 2.5mm

* **그 외**
단추, 장식와펜

사용되는 뜨개법

겉뜨기 (k)

안뜨기 (p)

왼코 겹쳐 2코 모아뜨기 (k2tog)

왼코 겹쳐 2코 모아 안뜨기 (p2tog)

앞뒤 겉뜨기로 코 늘리기 (inc, kfb)

메리야스뜨기 (st-st)

가터뜨기 (g-st)

코막음 (cast off)

패턴

● 몸과 머리

✱ 다크블루색 실로 바늘에 15코를 만들어줍니다.

Row 1 : 안뜨기 1단을 뜹니다.

Row 2 : 매 코를 앞뒤 겉뜨기로 코 늘리기를 합니다. (30코)

Row 3 : 안뜨기 1단을 뜹니다.

Row 4 : (겉뜨기 1코, 앞뒤 겉뜨기로 코 늘리기 1번, 겉뜨기 6코, 앞뒤 겉뜨기로 코 늘리기 1번, 겉뜨기 1코)×3번을 뜹니다. (36코)

Row 5 : 안뜨기로 1단을 뜹니다.

Row 6 : (겉뜨기 1코, 앞뒤 겉뜨기로 코 늘리기 1번, 겉뜨기 8코, 앞뒤 겉뜨기로 코 늘리기 1번, 겉뜨기 1코)×3번을 뜹니다. (42코)

Row 7 : 안뜨기로 1단을 뜹니다.

Row 8 : (겉뜨기 1코, 앞뒤 겉뜨기로 코 늘리기 1번, 겉뜨기 10코, 앞뒤 겉뜨기로 코 늘리기 1번, 겉뜨기 1코)×3번을 뜹니다. (48코)

Row 9~24 : 안뜨기로 시작해서 메리야스뜨기 16단을 뜹니다.

Row 25 : 겉뜨기 1단을 뜹니다.

✱ 플레임색 실을 새로 연결합니다.

Row 26 : 겉뜨기 1단을 뜹니다.

Row 27 : 안뜨기 1단을 뜹니다.

✱ 루나색 실을 새로 연결합니다.

Row 28 : 겉뜨기 1단을 뜹니다.

Row 29 : 안뜨기 1단을 뜹니다.

✱ 플레임색 실로 뜹니다.

Row 30 : 겉뜨기 1단을 뜹니다.

Row 31 : 안뜨기 1단을 뜹니다.

✱ 루나색 실로 뜹니다.

Row 32 : 겉뜨기 1단을 뜹니다.

Row 33 : 안뜨기 1단을 뜹니다.

✱ 플레임색 실로 뜹니다.

Row 34 : 겉뜨기 1단을 뜹니다.

Row 35 : 안뜨기 1단을 뜹니다.

✱ 루나색 실로 뜹니다.

Row 36 : 겉뜨기 1단을 뜹니다.

Row 37 : 안뜨기 1단을 뜹니다.

✱ 플레임색 실로 뜹니다.

Row 38 : 겉뜨기 1단을 뜹니다.

Row 39 : 안뜨기 1단을 뜹니다.

✱ 루나색 실로 뜹니다.

Row 40 : 겉뜨기 9코, (왼코 겹쳐 2코 모아뜨기)×4번, 겉뜨기 14코, (왼코 겹쳐 2코 모아뜨기)×4번, 겉뜨기 9코를 뜹니다. (40코)

Row 41 : 안뜨기 1단을 뜹니다.

✱ 플레임색 실로 뜹니다.

Row 42 : 겉뜨기 1단을 뜹니다.

Row 43 : 안뜨기 1단을 뜹니다.

✱ 루나색 실로 뜹니다.

Row 44 : 겉뜨기 7코, (왼코 겹쳐 2코 모아뜨기)×4번, 겉뜨기 10코, (왼코 겹쳐 2코 모아뜨기)×4번, 겉뜨기 7코를 뜹니다. (32코)

Row 45 : 안뜨기 1단을 뜹니다.

✱ 플레임색 실로 뜹니다.

Row 46 : 겉뜨기 1단을 뜹니다.

Row 47 : 안뜨기 1단을 뜹니다.

✱ 아이보리색 부클사를 새로 연결합니다.(머리는 편물의 뒷면을 겉으로 사용합니다.)

Row 48 : 겉뜨기 5코, 앞뒤 겉뜨기로 코 늘리기 8번, 겉뜨기 6코, 앞뒤 겉뜨기로 코 늘리기 8번, 겉뜨기 5코를 뜹니다. (48코)

Row 49~70 : 겉뜨기로 시작해서 메리야스뜨기 22단을 뜹니다.

Row 71 : 겉뜨기 1코, 왼코 겹쳐 2코 모아뜨기, (겉뜨기 2코, 왼코 겹쳐 2코 모아뜨기)×11번, 겉뜨기 1코를 뜹니다. (36코)

Row 72 : 안뜨기 1단을 뜹니다.

Row 73 : (겉뜨기 1코, 왼코 겹쳐 2코 모아뜨기)×12번을 뜹니다. (24코)

Row 74 : 안뜨기로 1단을 뜹니다.

Row 75 : (왼코 겹쳐 2코 모아뜨기)×12번을 뜹니다. (12코)

✱ 돗바늘에 코를 옮겨 조여줍니다.

● 팔 (2개)

* 아이보리색 부클사로 바늘에 7코를 만들어줍니다. (손은 편물의 뒷면을 겉으로 사용합니다.)

Row 1 : 안뜨기 1단을 뜹니다.
Row 2 : 매 코를 앞뒤 겉뜨기로 코 늘리기를 합니다. (14코)
Row 3~6 : 안뜨기로 시작해서 메리야스뜨기 4단을 뜹니다.

* 다크블루색 실을 새로 연결합니다.

Row 7~8 : 겉뜨기 2단을 뜹니다.

* 플레임색 실을 새로 연결합니다.

Row 9 : 겉뜨기 1단을 뜹니다.
Row 10 : 안뜨기 1단을 뜹니다.

* 루나색 실로 뜹니다.

Row 11 : 겉뜨기 1단을 뜹니다.
Row 12 : 안뜨기 1단을 뜹니다.

* 플레임색 실로 뜹니다.

Row 13 : 겉뜨기 1단을 뜹니다.
Row 14 : 안뜨기 1단을 뜹니다.

* 루나색 실로 뜹니다.

Row 15 : 겉뜨기 1단을 뜹니다.
Row 16 : 안뜨기 1단을 뜹니다.

* 플레임색 실로 뜹니다.

Row 17 : 겉뜨기 1단을 뜹니다.
Row 18 : 안뜨기 1단을 뜹니다.

* 루나색 실로 뜹니다.

Row 19 : 겉뜨기 1단을 뜹니다.
Row 20 : 안뜨기 1단을 뜹니다.

* 플레임색 실로 뜹니다.

Row 21 : 겉뜨기 1단을 뜹니다.
Row 22 : 안뜨기 1단을 뜹니다.

* 루나색 실로 뜹니다.

Row 23 : 겉뜨기 1단을 뜹니다.
Row 24 : 안뜨기 1단을 뜹니다.

* 플레임색 실로 뜹니다.

Row 25 : 겉뜨기 1단을 뜹니다.
Row 26 : (왼코 겹쳐 2코 모아 안뜨기)×7번을 뜹니다. (7코)

* 돗바늘에 코를 옮겨 조여줍니다.

- ● 발 (2개)

* 아이보리색 부클사로 바늘에 9코를 만들어줍니다.(발은 편물의 뒷면을 겉으로 사용합니다.)

Row 1 : 안뜨기로 1단을 뜹니다.

Row 2 : 겉뜨기 1코, (앞뒤 겉뜨기로 코 늘리기 1번, 겉뜨기 1코)×4번을 뜹니다. (13코)

Row 3~7 : 안뜨기로 시작해서 메리야스뜨기 5단을 뜹니다.

* 겉뜨기로 코막음을 해줍니다.

- ● 귀 (2개)

* 아이보리색 부클사로 바늘에 12코를 만들어줍니다.(귀는 편물의 뒷면을 겉으로 사용합니다.)

Row 1~9 : 안뜨기로 시작해서 메리야스뜨기 9단을 뜹니다.

Row 10 : 겉뜨기 1코, (왼코 겹쳐 2코 모아뜨기)×2번, 겉뜨기 2코, (왼코 겹쳐 2코 모아뜨기)×2번, 겉뜨기 1코를 뜹니다. (8코)

* 안뜨기로 코막음을 해줍니다.

- ● 바지 어깨끈 (2개)

* 다크블루색 실로 바늘에 45코를 만들어줍니다.

Row 1 : 겉뜨기로 1단을 뜹니다.

* 안뜨기로 코막음을 해줍니다.

- ● 주둥이

* 아이보리색 실로 바늘에 22코를 만들어줍니다.

Row 1~2 : 안뜨기로 시작해서 메리야스뜨기 2단을 뜹니다.

Row 3 : (왼코 겹쳐 2코 모아 안뜨기)×11번을 뜹니다. (11코)

Row 4 : 겉뜨기 1단을 뜹니다.

* 돗바늘에 코를 옮겨 조여줍니다.

- ● 꼬리

* 아이보리색 부클사로 바늘에 16코를 만들어줍니다.(꼬리는 편물의 뒷면을 겉으로 사용합니다.)

Row 1~6 : 겉뜨기로 시작해서 메리야스뜨기로 6단을 뜹니다.

Row 7 : 겉뜨기 1코, 왼코 겹쳐 2코 모아뜨기, (겉뜨기 2코, 왼코 겹쳐 2코 모아뜨기)×3번, 겉뜨기 1코를 뜹니다. (12코)

Row 8~12 : 안뜨기로 시작해서 메리야스뜨기로 5단을 뜹니다.

Row 13 : (겉뜨기 1코, 왼코 겹쳐 2코 모아뜨기)×4번을 뜹니다. (8코)

* 돗바늘에 코를 옮겨 조여줍니다.

도안

부클사를 사용해서 뜬 부분은 편물의 뒷면을 겉으로 사용합니다.

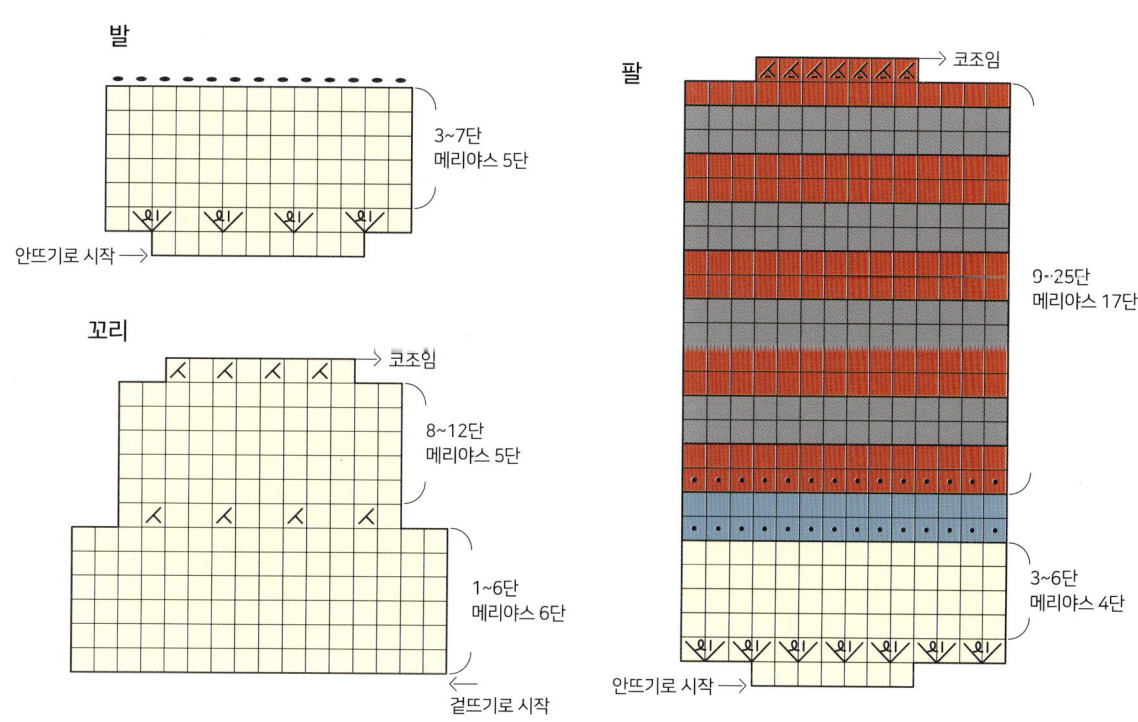

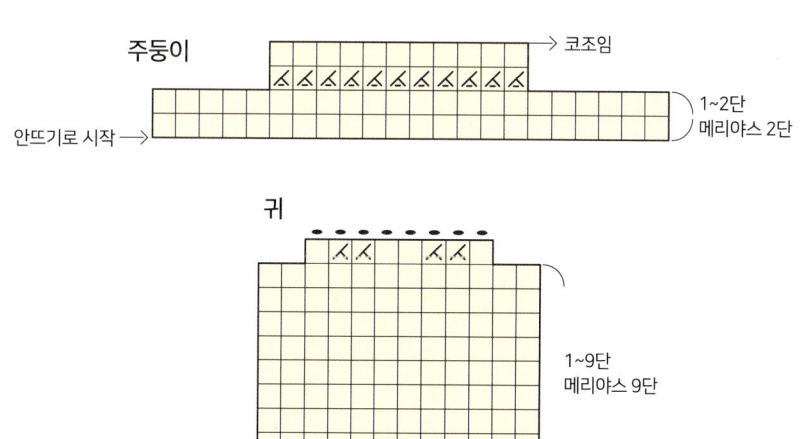

바지 어깨끈

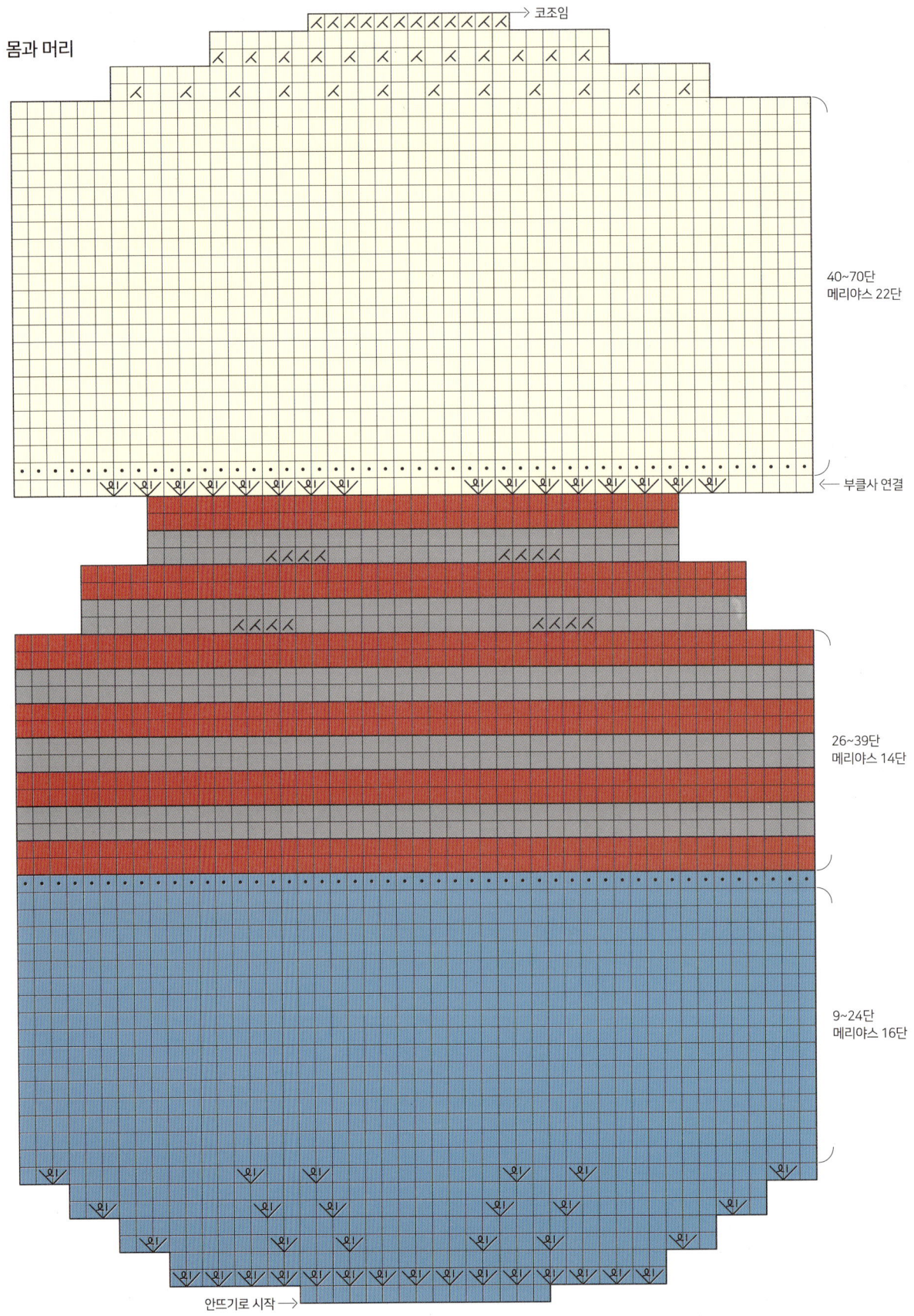

뜨는 방법 및 조립 과정

1. 부클사로 뜬 머리 부분은 감침질로 꿰매고, 엉덩이 부분에서 등 쪽으로는 메리야스잇기로 꿰매줍니다.

2. 다 꿰매기 전 등 쪽 창구멍으로 솜을 넣어 인형을 몸을 만들어준 후 메리야스잇기로 구멍을 막아줍니다.

3. 솜을 넣고 꿰맨 후 뭉친 곳은 송곳으로 잘 풀어줍니다.

4. 목과 몸의 경계가 나눠지도록 감침질을 숨겨서 합니다.

5. 감침질한 부분을 당겨 조여서 묶은 후 목과 몸의 경계를 확실하게 나눠줍니다.

6. 부클사로 뜬 손 부분은 감칠질해주고, 나머지는 메리야스잇기로 꿰매줍니다.

7. 팔 끝부분에 구멍을 조금 남겨 솜을 넣어줍니다.

8. 팔을 몸의 양쪽 옆면에 메리야스잇기로 달아줍니다.

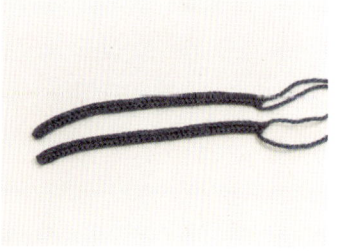

9. 바지에 달아줄 어깨끈을 2개 뜹니다.

10. 몸의 티셔츠 중간 부분에 와펜장식을 붙여주고 어깨끈을 달아줍니다.

11. 끈을 달아준 곳에 장식단추를 달아주고 뒷부분은 X자 모양으로 교차해서 꿰매줍니다.

12. 귀는 가터 방향을 겉 방향으로 해 감침질로 꿰매줍니다.

13. 바느질한 귀를 머리의 양쪽으로 달아줍니다.

14. 발은 앞부분을 감침질하여 하나로 모아 꿰매고 빈곳에 솜을 넣어줍니다.

15. 균형을 잡고 설 수 있도록 몸의 양쪽 앞부분에 위치를 정해 발을 메리야스잇기로 꿰매줍니다.

16. 몸 뒷부분의 어깨끈 부분에도 장식단추를 달아줍니다.

17. 꼬리는 엉덩이 가운데에 메리야스잇기로 달아줍니다.

18. 얼굴 가운데에 주둥이를 메리야스잇기로 달아주고, 다 꿰매기 전 솜을 살짝 넣어준 후 바느질해 마무리합니다.

19. 눈을 달아줄 곳에 펜으로 미리 표시해 줍니다.

20. 몸 색과 비슷한 실로 눈을 달아줄 곳에 미리 홀을 잡아놓습니다.

21. 단추 눈을 미리 잡아놓은 홀에 달아줍니다.

22. 브라운색 자수실로 코를 수놓아줍니다.

≈ 02 ≈
뽀글 곰 모카

실과 도구

인형 눈 6mm 인형 눈 1쌍

주둥이 ROWAN / pure wool dk #012 snow

몸 윗부분 KPC Yarn / Glencoul dk / Rainforest, Lucky heather

얼굴, 손, 발, 귀, 꼬리 ALPACA BOUCLE / beige

코 와인색 자수실

몸 아랫부분 ROWAN / purewool dk #040 tangerine

인형 사이즈 약 15cm
바늘 2.5mm

*그 외
단추, 장식와펜

사용되는 뜨개법

겉뜨기 (k)

안뜨기 (p)

왼코 겹쳐 모아뜨기 (k2tog)

왼코 겹쳐 모아 안뜨기 (p2tog)

앞뒤 겉뜨기로 코 늘리기 (inc, kfb)

메리야스뜨기 (st-st)

가터뜨기 (g-st)

코막음 (cast off)

패 턴

● 몸과 머리

* 탠저린색 실로 바늘에 15코를 만들어줍니다.

Row 1 : 안뜨기로 1단을 뜹니다.

Row 2 : 매 코를 앞뒤 겉뜨기로 코 늘리기를 합니다. (30코)

Row 3 : 안뜨기로 1단을 뜹니다.

Row 4 : (겉뜨기 1코, 앞뒤 겉뜨기로 코 늘리기 1번, 겉뜨기 6코, 앞뒤 겉뜨기로 코 늘리기 1번, 겉뜨기 1코)×3번을 뜹니다. (36코)

Row 5 : 안뜨기로 1단을 뜹니다.

Row 6 : (겉뜨기 1코, 앞뒤 겉뜨기로 코 늘리기 1번, 겉뜨기 8코, 앞뒤 겉뜨기로 코 늘리기 1번, 겉뜨기 1코)×3번을 뜹니다. (42코)

Row 7 : 안뜨기로 1단을 뜹니다.

Row 8 : (겉뜨기 1코, 앞뒤 겉뜨기로 코 늘리기 1번, 겉뜨기 10코, 앞뒤 겉뜨기로 코 늘리기 1번, 겉뜨기 1코)×3번을 뜹니다. (48코)

Row 9~23 : 안뜨기로 시작해서 메리야스뜨기 15단을 뜹니다.

* 레인포레스트색 실을 연결합니다.

Row 24~25 : 겉뜨기 2단을 뜹니다.

Row 26 : 겉뜨기 1단을 뜹니다.

Row 27 : 안뜨기 1단을 뜹니다.

* 럭키헤더색 실을 연결합니다.

Row 28~39 : 겉뜨기로 시작해서 메리야스뜨기 12단을 뜹니다.

Row 40 : 겉뜨기 9코, (왼코 겹쳐 2코 모아뜨기)×4번, 겉뜨기 14코, (왼코 겹쳐 2코 모아뜨기)×4번, 겉뜨기 9코를 뜹니다. (40코)

Row 41~43 : 안뜨기로 시작해서 메리야스뜨기 3단을 뜹니다.

Row 44 : 겉뜨기 7코, (왼코 겹쳐 2코 모아뜨기)×4번, 겉뜨기 10코, (왼코 겹쳐 2코 모아뜨기)×4번, 겉뜨기 7코를 뜹니다. (32코)

* 레인포레스트색 실을 연결합니다.

Row 45~47 : 겉뜨기 3단을 뜹니다.

* 베이지색 부클사를 새로 연결합니다.(머리는 편물의 뒷면을 겉으로 사용합니다.)

Row 48 : 겉뜨기 5코, 앞뒤 겉뜨기로 코 늘리기 8번, 겉뜨기 6코, 앞뒤 겉뜨기로 코 늘리기 8번, 겉뜨기 5코를 뜹니다. (48코)

Row 49~70 : 겉뜨기로 시작해서 메리야스뜨기 22단을 뜹니다.

Row 71 : 겉뜨기 1코, 왼코 겹쳐 2코 모아뜨기, (겉뜨기 2코, 왼코 겹쳐 2코 모아뜨기)×11번, 겉뜨기 1코를 뜹니다. (36코)

Row 72 : 안뜨기 1단을 뜹니다.

Row 73 : (겉뜨기 1코, 왼코 겹쳐 2코 모아뜨기)×12번을 뜹니다. (24코)

Row 74 : 안뜨기로 1단을 뜹니다.

Row 75 : (왼코 겹쳐 2코 모아뜨기)×12번을 뜹니다. (12코)

* 돗바늘에 코를 옮겨 조여줍니다.

● 팔 (2개)

* 베이지색 부클사로 바늘에 7코를 만들어줍니다.(손은 편물의 뒷면을 겉으로 사용합니다.)

Row 1 : 안뜨기 1단을 뜹니다.

Row 2 : 매 코를 앞뒤 겉뜨기로 코 늘리기를 합니다. (14코)

Row 3~6 : 안뜨기로 시작해서 메리야스뜨기 4단을 뜹니다.

* 레인포레스트색 실을 연결합니다.

Row 7~9 : 겉뜨기 3단을 뜹니다.

Row 10 : 안뜨기 1단을 뜹니다.

* 럭키헤더색 실을 연결합니다.

Row 11~25 : 겉뜨기로 시작해서 메리야스뜨기 15단을 뜹니다.

Row 26 : (왼코 겹쳐 2코 모아 안뜨기)×7번을 뜹니다. (7코)

* 돗바늘에 코를 옮겨 조여줍니다.

● 발 (2개)

* 베이지색 부클사로 바늘에 9코를 만들어줍니다.(발은 편물의 뒷면을 겉으로 사용합니다.)

Row 1 : 안뜨기 1단을 뜹니다.

Row 2 : 겉뜨기 1코, (앞뒤 겉뜨기로 코 늘리기 1번, 겉뜨기 1코) ×4번을 뜹니다. (13코)

Row 3~7 : 안뜨기로 시작해서 메리야스뜨기 5단을 뜹니다.

* 겉뜨기로 코막음을 해줍니다.

● 귀 (2개)

＊ 베이지색 부클사로 바늘에 6코를 만들어줍니다.(귀는 편물의 뒷면을 겉으로 사용합니다.)

Row 1 : 안뜨기 1단을 뜹니다.
Row 2 : 매 코를 앞뒤 겉뜨기로 코 늘리기를 합니다. (12코)
Row 3~10 : 안뜨기로 시작해서 메리야스뜨기 8단을 뜹니다.
Row 11 : (왼코 겹쳐 2코 모아 안뜨기)×6번을 뜹니다. (6코)

＊ 겉뜨기로 코막음을 해줍니다.

● 주둥이

＊ 아이보리색 실로 바늘에 22코를 만들어줍니다.

Row 1~2 : 안뜨기로 시작해서 메리야스뜨기 2단을 뜹니다.
Row 3 : (왼코 겹쳐 2코 모아 안뜨기)×11번을 뜹니다. (11코)
Row 4 : 겉뜨기 1단을 뜹니다.

＊ 돗바늘에 코를 옮겨 조여줍니다.

● 꼬리

＊ 베이지색 부클사로 바늘에 11코를 만들어줍니다.(꼬리는 편물의 뒷면을 겉으로 사용합니다.)

Row 1~2 : 겉뜨기로 시작해서 메리야스뜨기 2단을 뜹니다.
Row 3 : 겉뜨기 1코, (겉뜨기 1코, 앞뒤 겉뜨기로 코 늘리기 1번)×4번, 겉뜨기 2코를 뜹니다. (15코)
Row 4 : 안뜨기로 1단을 뜹니다.
Row 5 : (겉뜨기 1코, 왼코 겹쳐 2코 모아뜨기)×5번을 뜹니다. (10코)
Row 6 : 안뜨기로 1단을 뜹니다.
Row 7 : (왼코 겹쳐 2코 모아뜨기)×5번을 뜹니다. (5코)

＊ 돗바늘에 코를 옮겨 조여줍니다.

도안

부클사를 사용해서 뜬 부분은 편물의 뒷면을 겉으로 사용합니다.

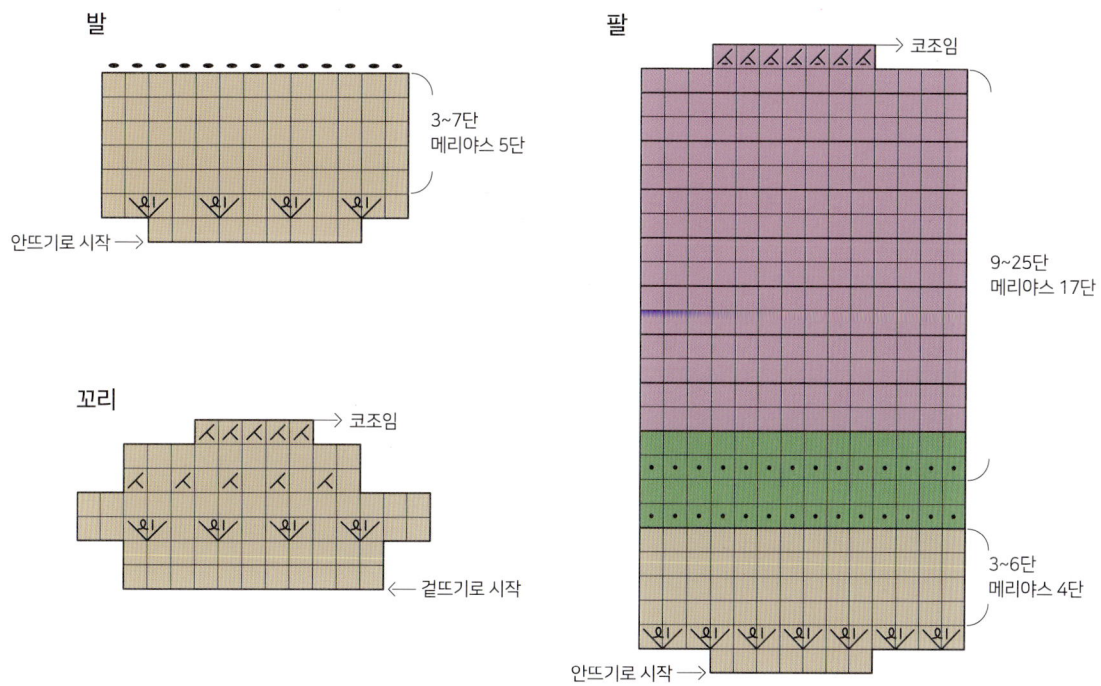

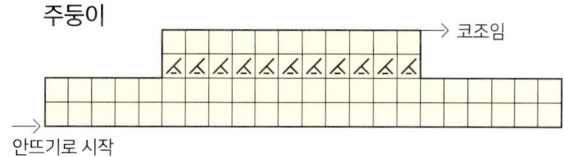

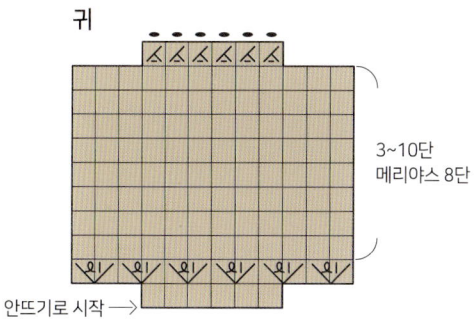

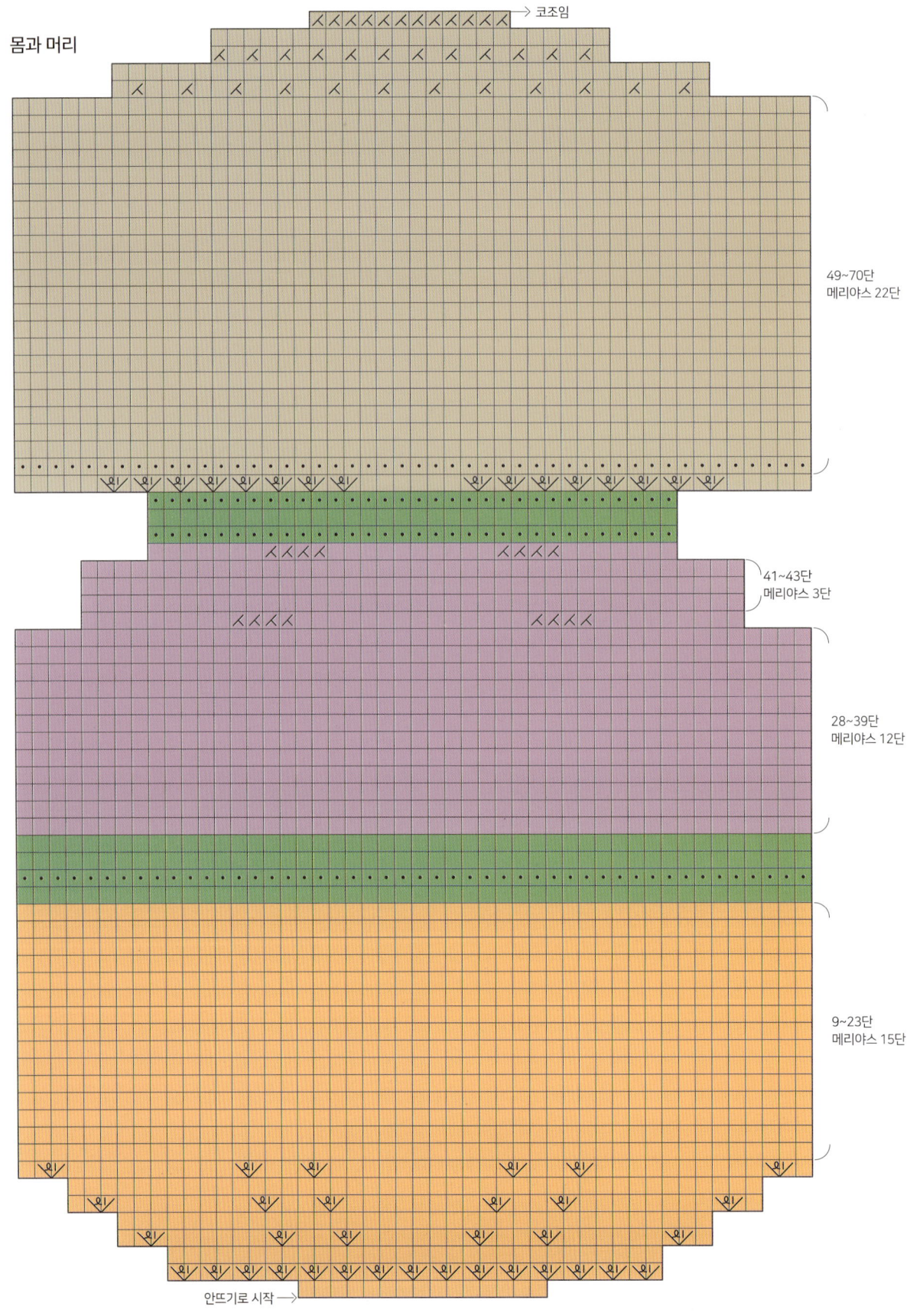

뜨는 방법 및 조립 과정

1. 부클사로 뜬 머리 부분은 감침질로 꿰매고, 엉덩이 부분에서 등 쪽으로는 메리야스잇기로 꿰매준 후 솜을 넣고 구멍을 막아줍니다.

2. 목과 몸의 경계를 나눌 수 있도록 감침질을 숨겨서 해준 후 실을 당겨서 묶어줍니다.

3. 발은 코끝을 모아서 감침질해준 후 당겨서 모아 뒷부분을 꿰매줍니다.

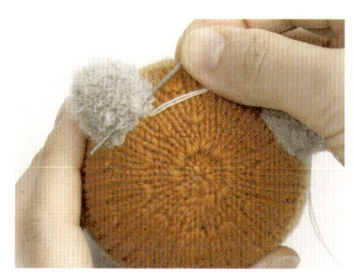

4. 몸의 양쪽 앞부분에 균형을 잡고 설 수 있도록 위치를 정해 발을 메리야스잇기로 꿰매줍니다.

5. 팔 끝부분에 구멍을 조금 남겨 솜을 넣어주고 2개를 똑같이 만들어줍니다.

6. 팔을 몸의 양쪽 옆면에 메리야스잇기로 달아줍니다.

7. 얼굴의 가운데에 주둥이를 메리야스잇기로 달아주고 다 꿰매기 전 솜을 살짝 넣어준 후 바느질해 마무리합니다.

8. 시침핀으로 귀의 위치를 고정해준 후 메리야스잇기로 달아줍니다.

9. 꼬리는 발처럼 꿰맨 후 엉덩이 가운데에 메리야스잇기로 달아줍니다.

10. 눈을 달아줄 곳에 펜으로 미리 표시해 줍니다.

11. 눈을 달아줄 곳에 미리 홀을 잡아준 후 단추 눈을 달아줍니다.

12. 노란색 자수실로 코를 수놓아줍니다.

실과 도구

인형 눈 6mm 인형 눈 1쌍

주둥이
ROWAN / pure wool dk #012 snow

몸
KPC Yarn / Glencoul dk pear drop

치마
ROWAN / pure wool superwash dk
#106 purple, #51 yellow

리본 Jamieson&Smith / #52 hotpink

얼굴, 손, 발, 귀, 꼬리
ALPACA BOUCLE / pink

코 와인색 자수실

옷깃 KPC Yarn / Glencoul dk confetti

몸 아랫부분
ROWAN / purewool superwash dk #104 mint

인형 사이즈 약 15cm
바늘 2.5mm

* 그 외
돗바늘, 퀼팅실, 장식단추

사용되는 뜨개법

겉뜨기 (k)

안뜨기 (p)

왼코 겹쳐 2코 모아뜨기 (k2tog)

왼코 겹쳐 2코 모아 안뜨기 (p2tog)

앞뒤 겉뜨기로 코 늘리기 (inc, kfb)

메리야스뜨기 (st-st)

고무뜨기 (rib stitch)

코막음 (cast off)

패 턴

● 몸통과 머리

✱ 민트색 실로 바늘에 15코를 만들어줍니다.

Row 1 : 안뜨기로 1단을 뜹니다.

Row 2 : 매 코를 앞뒤 겉뜨기로 코 늘리기를 합니다. (30코)

Row 3 : 안뜨기로 1단을 뜹니다.

Row 4 : (겉뜨기 1코, 앞뒤 겉뜨기로 코 늘리기 1번, 겉뜨기 6코, 앞뒤 겉뜨기로 코 늘리기 1번, 겉뜨기 1코)×3번을 뜹니다. (36코)

Row 5 : 안뜨기로 1단을 뜹니다.

Row 6 : (겉뜨기 1코, 앞뒤 겉뜨기로 코 늘리기 1번, 겉뜨기 8코, 앞뒤 겉뜨기로 코 늘리기 1번, 겉뜨기 1코)×3번을 뜹니다. (42코)

Row 7 : 안뜨기로 1단을 뜹니다.

Row 8 : (겉뜨기 1코, 앞뒤 겉뜨기로 코 늘리기 1번, 겉뜨기 10코, 앞뒤 겉뜨기로 코 늘리기 1번, 겉뜨기 1코)×3번을 뜹니다. (48코)

Row 9~23 : 안뜨기로 시작해서 메리야스뜨기 15단을 뜹니다.

✱ 페이드롭색 실을 새로 연결합니다.

Row 24~39 : 겉뜨기로 시작해서 메리야스뜨기 16단을 뜹니다.

Row 40 : 겉뜨기 9코, (왼코 겹쳐 2코 모아뜨기)×4번, 겉뜨기 14코, (왼코 겹쳐 2코 모아뜨기)×4번, 겉뜨기 9코를 뜹니다. (40코)

Row 41~43 : 안뜨기로 시작해서 메리야스뜨기 3단을 뜹니다.

Row 44 : 겉뜨기 7코, (왼코 겹쳐 2코 모아뜨기)×4번, 겉뜨기 10코, (왼코 겹쳐 2코 모아뜨기)×4번, 겉뜨기 7코를 뜹니다. (32코)

Row 45~47 : 안뜨기로 시작해서 메리야스뜨기 3단을 뜹니다.

✱ 핑크색 부클사를 새로 연결합니다.(머리는 편물의 뒷면을 겉으로 사용합니다.)

Row 48 : 겉뜨기 5코, 앞뒤 겉뜨기로 코 늘리기 8번, 겉뜨기 6코, 앞뒤 겉뜨기로 코 늘리기 8번, 겉뜨기 5코를 뜹니다. (48코)

Row 49~70 : 겉뜨기로 시작해서 메리야스뜨기 22단을 뜹니다.

Row 71 : 겉뜨기 1코, 왼코 겹쳐 2코 모아뜨기, (겉뜨기 2코, 왼코 겹쳐 2코 모아뜨기)×11번, 겉뜨기 1코를 뜹니다. (36코)

Row 72 : 안뜨기로 1단을 뜹니다.

Row 73 : (겉뜨기 1코, 왼코 겹쳐 2코 모아뜨기)×12번을 뜹니다. (24코)

Row 74 : 안뜨기 1단을 뜹니다.

Row 75 : (왼코 겹쳐 2코 모아뜨기)×12번을 뜹니다. (12코)

✱ 돗바늘에 코를 옮겨 조여줍니다.

● 팔 (2개)

✱ 핑크색 부클사로 바늘에 7코를 만들어줍니다.(손은 편물의 뒷면을 겉으로 사용합니다.)

Row 1 : 안뜨기로 1단을 뜹니다.

Row 2 : 매 코를 앞뒤 겉뜨기로 코 늘리기를 합니다. (14코)

Row 3~6 : 안뜨기로 시작해서 메리야스뜨기 4단을 뜹니다.

✱ 페이드롭색 실을 새로 연결합니다.

Row 7~25 : 겉뜨기로 시작해서 메리야스뜨기 19단을 뜹니다.

Row 26 : (왼코 겹쳐 2코 모아 안뜨기)×7번을 뜹니다. (7코)

✱ 돗바늘에 코를 옮겨 조여줍니다.

● 발 (2개)

✽ 핑크색 부클사로 바늘에 9코를 만들어줍니다.(발은 편물의 뒷면을 겉으로 사용합니다.)

Row 1 : 안뜨기로 1단을 뜹니다.

Row 2 : 겉뜨기 1코, (앞뒤 겉뜨기로 코 늘리기 1번, 겉뜨기 1코)×4번을 뜹니다. (13코)

Row 3~7 : 안뜨기로 시작해서 메리야스뜨기 5단을 뜹니다.

✽ 겉뜨기로 코막음을 해줍니다.

● 귀 (2개)

✽ 핑크색 부클사로 바늘에 6코를 만들어줍니다.(귀는 편물의 뒷면을 겉으로 사용합니다.)

Row 1 : 안뜨기로 1단을 뜹니다.

Row 2 : 매 코를 앞뒤 겉뜨기로 코 늘리기를 합니다. (12코)

Row 3~15 : 안뜨기로 시작해서 메리야스뜨기 13단을 뜹니다.

Row 15 : (왼코 겹쳐 2코 모아뜨기)×6번을 뜹니다. (6코)

✽ 돗바늘에 코를 옮겨 조여줍니다.

● 주둥이

✽ 아이보리색 실로 바늘에 22코를 만들어줍니다.

Row 1~2 : 안뜨기로 시작해서 메리야스뜨기 2단을 뜹니다.

Row 3 : (왼코 겹쳐 2코 모아 안뜨기)×11번을 뜹니다. (11코)

Row 4 : 겉뜨기 1단을 뜹니다.

✽ 돗바늘에 코를 옮겨 조여줍니다.

● 꼬리

✽ 핑크색 부클사로 바늘에 11코를 만들어줍니다.(꼬리는 편물의 뒷면을 겉 방향으로 사용합니다.)

Row 1~2 : 겉뜨기로 시작해서 메리야스뜨기로 2단을 뜹니다.

Row 3 : 겉뜨기 1코, (겉뜨기 1코, 앞뒤 겉뜨기로 코 늘리기 1번)×4번, 겉뜨기 2코를 뜹니다. (15코)

Row 4 : 안뜨기로 1단을 뜹니다.

Row 5 : (겉뜨기 1코, 왼코 겹쳐 2코 모아뜨기)×5번을 뜹니다. (10코)

Row 6 : 안뜨기로 1단을 뜹니다.

Row 7 : (왼코 겹쳐 2코 모아뜨기)×5번을 뜹니다. (5코)

✽ 돗바늘에 코를 옮겨 조여줍니다.

● 옷깃

* 컨페티색 실을 바늘에 50코를 만들어줍니다.

Row 1 : (겉뜨기 1코, 안뜨기 1코)×25번을 뜹니다.

Row 2 : (안뜨기 1코, 겉뜨기 1코)×25번을 뜹니다.

Row 3 : 겉뜨기로 1단을 뜹니다.

Row 4 : (안뜨기 1코, 왼코 겹쳐 2코 모아 안뜨기, 안뜨기 2코)×10번을 뜹니다. (40코)

Row 5 : 겉뜨기로 1단을 뜹니다.

Row 6 : (안뜨기 1코, 왼코 겹쳐 2코 모아 안뜨기, 안뜨기 1코)×10번을 뜹니다. (30코)

* 겉뜨기로 코막음을 해줍니다.

● 치마

* 옐로우색 실로 바늘에 104코를 만들어줍니다.

Row 1 : 겉뜨기 1단을 뜹니다.

* 퍼플색 실을 새로 연결합니다.

Row 2 : 안뜨기 2코 (안뜨기 1코, 겉뜨기 2코, 안뜨기 3코)×17번을 뜹니다.

Row 3 : (겉뜨기 3코, 안뜨기 2코, 겉뜨기 1코)×17번, 겉뜨기 2코를 뜹니다.

Row 4 : 안뜨기 2코 (안뜨기 1코, 겉뜨기 2코, 안뜨기 3코)×17번을 뜹니다.

Row 5 : (겉뜨기 3코, 안뜨기 2코, 겉뜨기 1코)×17번, 겉뜨기 2코를 뜹니다.

Row 6 : 안뜨기 2코 (안뜨기 1코, 겉뜨기 2코, 안뜨기 3코)×17번을 뜹니다.

Row 7 : (겉뜨기 3코, 안뜨기 2코, 겉뜨기 1코)×17번, 겉뜨기 2코를 뜹니다.

Row 8 : 안뜨기 2코 (안뜨기 1코, 겉뜨기 2코, 안뜨기 3코)×17번을 뜹니다.

Row 9 : (겉뜨기 3코, 안뜨기 2코, 겉뜨기 1코)×17번, 겉뜨기 2코를 뜹니다.

Row 10 : 안뜨기 2코 (안뜨기 1코, 겉뜨기 2코, 안뜨기 3코)×17번을 뜹니다.

* 옐로우색 실을 새로 연결합니다.

Row 11 : (왼코 겹쳐 2코 모아뜨기)×52번을 뜹니다. (52코)

Row 12 : 안뜨기 1단을 뜹니다.

* 겉뜨기로 코막음을 해줍니다.

도안

부클사를 사용해서 뜬 부분은 편물의 뒷면을 겉으로 사용합니다.

발
- 3~7단 메리야스 5단 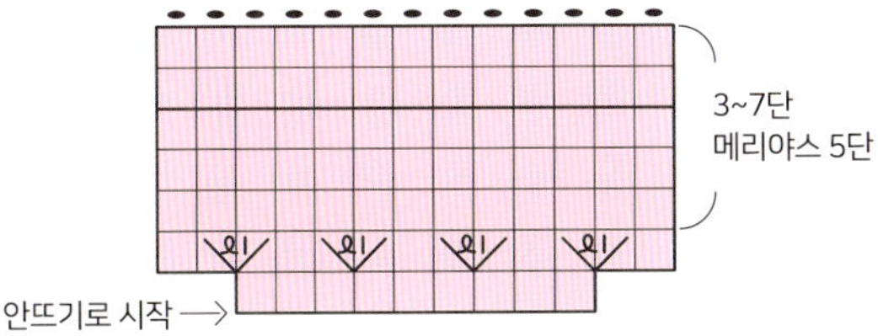
- 안뜨기로 시작 →

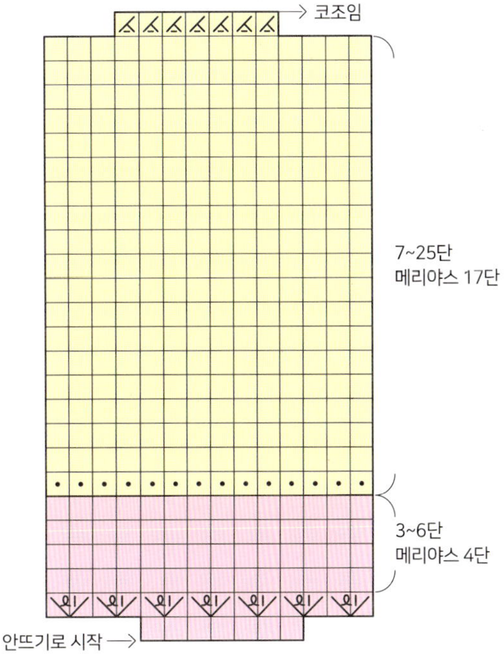

꼬리
- → 코조임
- ← 겉뜨기로 시작

팔
- → 코조임
- 7~25단 메리야스 17단
- 3~6단 메리야스 4단
- 안뜨기로 시작 →

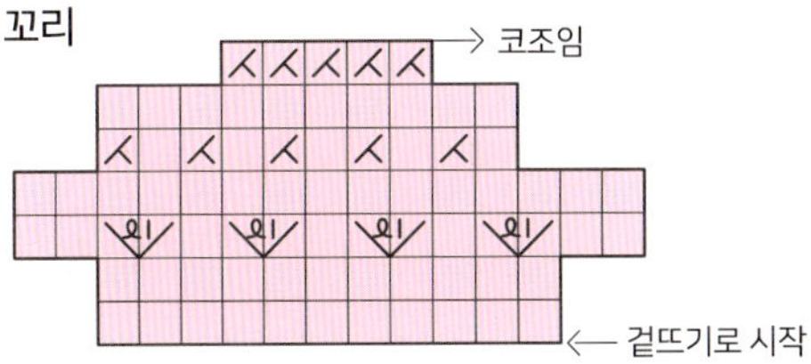

귀
- → 코조임
- 3~15단 메리야스 13단
- 안뜨기로 시작 →

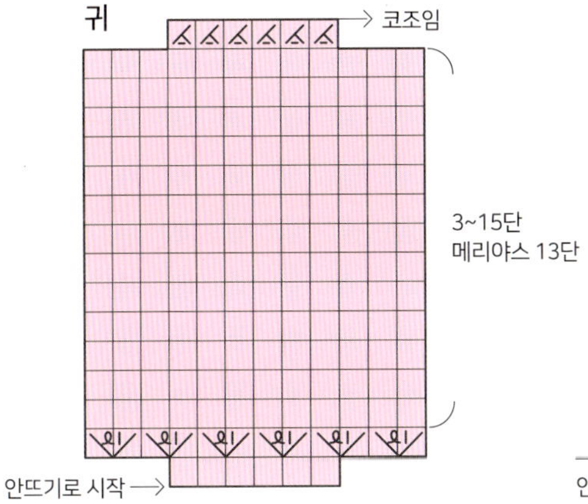

주둥이
- → 코조임
- 안뜨기로 시작 →

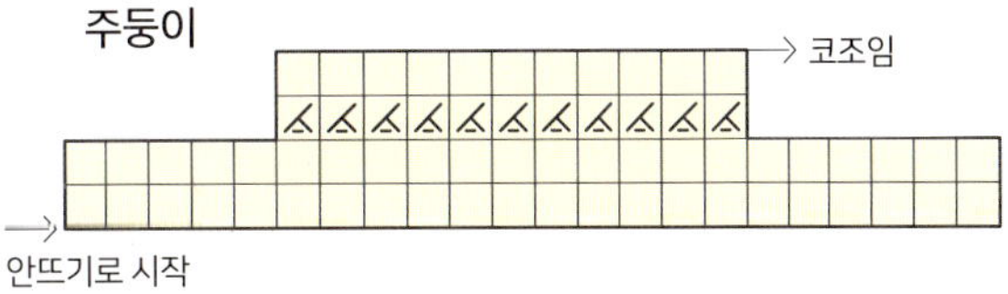

옷깃
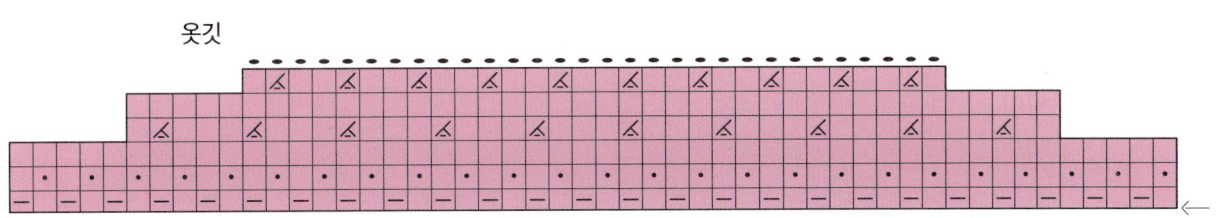
← 겉뜨기로 시작

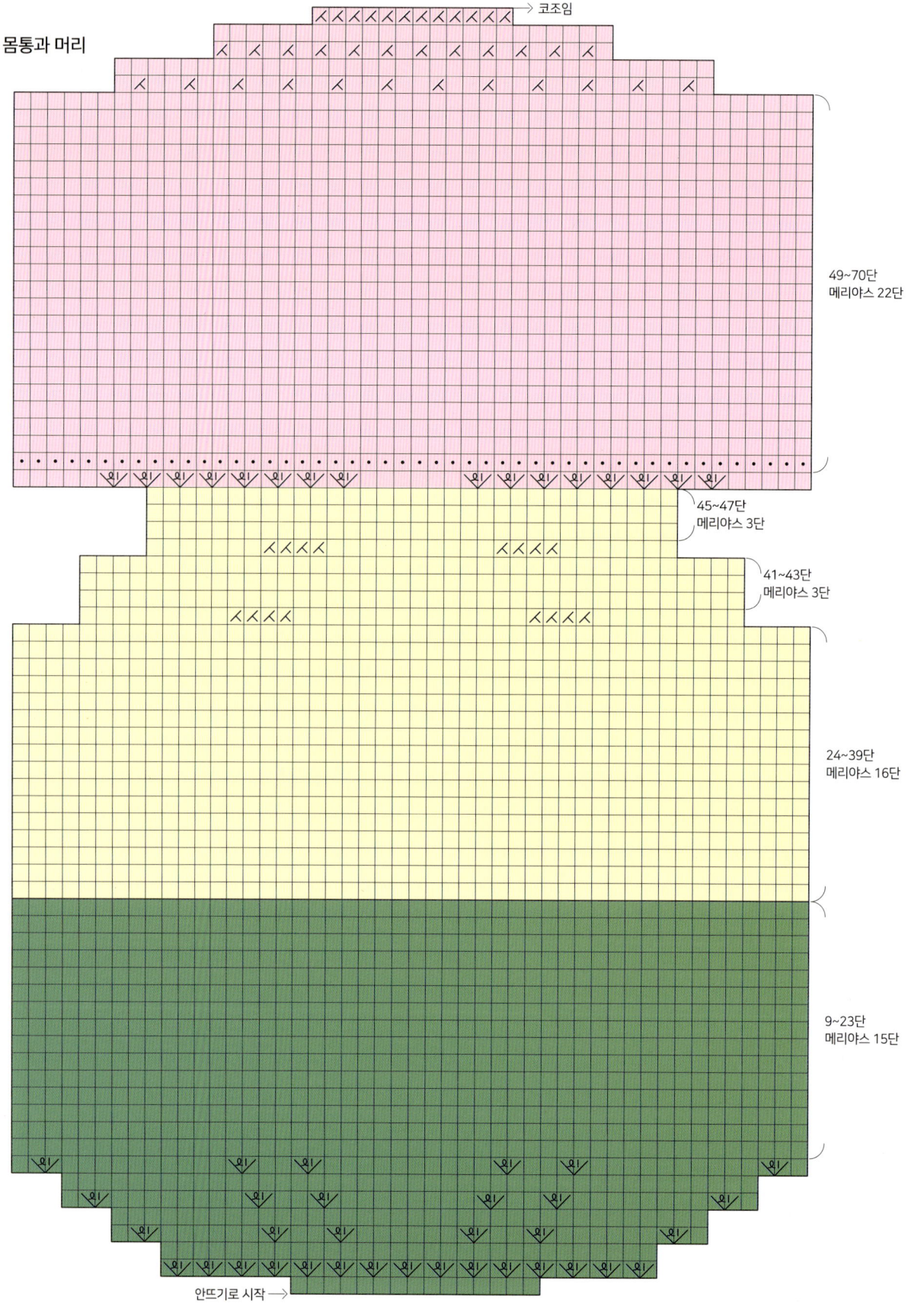

뜨는 방법 및 조립 과정

1. 부클사로 뜬 머리 부분은 감침질로 꿰매고, 엉덩이 부분에서 등 쪽으로는 메리야스잇기로 꿰맨 후 솜을 넣고 구멍을 막아줍니다.

2. 목과 몸의 경계를 나눌 수 있도록 감침질을 숨겨서 해줍니다.

3. 감침질한 부분을 당겨서 조여 묶은 후 목과 몸의 경계를 확실하게 나눠줍니다.

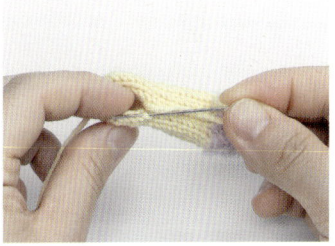

4. 부클사로 뜬 손 부분은 감침질을 해주고 나머지는 메리야스잇기로 꿰매줍니다.

5. 팔 끝부분에 구멍을 조금 남겨 솜을 넣어줍니다. 2개를 똑같이 만들어줍니다.

6. 치마는 뒷부분을 메리야스잇기로 꿰매줍니다.

~ Lesson 03. 뽀글뽀글 곱슬머리 인형들 · 91 ~

7. 발은 코 끝을 모아 감침질한 후 당겨 모아 뒷부분을 꿰매줍니다.

8. 몸 양쪽 앞부분에 균형을 잡고 설 수 있도록 위치를 정해 메리야스잇기로 발을 꿰매줍니다.

9. 꼬리는 발처럼 꿰맨 후 엉덩이의 가운데에 메리야스잇기로 달아줍니다.

10. 몸의 양쪽 옆면에 메리야스잇기로 팔을 달아줍니다.

11. 옷깃을 둘러준 후 끝을 모아 달아줍니다.

12. 귀는 양끝을 모아 감침질로 꿰매 2개를 똑같이 만들어줍니다.

13. 시침핀으로 귀의 위치를 고정한 후 달아줍니다.

14. 얼굴 가운데 부분에 메리야스잇기로 주둥이를 달아주고, 다 꿰매기 전에 솜을 살짝 넣어 바느질해 마무리합니다.

15. 눈을 달아줄 곳에 펜으로 미리 표시를 해줍니다.

16. 몸 색과 비슷한 실로 눈을 달아줄 곳에 미리 홀을 잡아놓습니다.

17. 단추 눈을 미리 잡아놓은 홀에 달아줍니다.

18. 미리 만들어놓은 리본을 귀 한 쪽에 달아줍니다.

19. 적절한 곳에 장식단추를 달아줍니다.

20. 코를 자수실로 수놓아주고 치마는 반박음질로 고정시켜줍니다.

Lesson 04

작고 예쁜
아기
인형들

≈ 01 ≈
아기 곰 테디

실과 도구

귀 GGH / cumba #004 dark brown

눈 7mm 인형 눈 1쌍

주둥이
ROWAN / pure wool superwash dk #101 beige

볼터치 핑크색 울사

코 오렌지색 자수실

망토 GGH / wooly wasch #208 orange

몸통, 팔, 다리, 머리
ROWAN / cashmere tweed #007 camel

인형 사이즈 약 16cm
바늘 2.5mm

* 그 외
장식단추

사용되는 뜨개법

겉뜨기 (k)

안뜨기 (p)

왼코 겹쳐 2코 모아뜨기 (k2tog)

왼코 겹쳐 2코 모아 안뜨기 (p2tog)

오른코 겹쳐 2코 모아뜨기 (skpo)

잎뒤 겉뜨기로 코 늘리기 (inc, ktb)

메리야스뜨기 (st-st)

코막음 (cast off)

패턴

● **다리 (2개)**

∗ 카멜색 실로 바늘에 10코를 만들어줍니다.

Row 1 : 안뜨기로 1단을 뜹니다.

Row 2 : 위의 10코를 모두 앞뒤 겉뜨기로 코 늘리기로 뜹니다. (20코)

Row 3~5 : 안뜨기로 시작해서 메리야스뜨기로 3단을 뜹니다.

Row 6 : 겉뜨기 5코, 앞뒤 겉뜨기로 코 늘리기 2번, 겉뜨기 6코, 앞뒤 겉뜨기로 코 늘리기 2번, 겉뜨기 5코를 뜹니다. (24코)

Row 7 : 안뜨기로 1단을 뜹니다.

∗ 다리 하나는 가위로 실을 자르고 안전핀에 걸어둡니다.

● **몸통과 머리**

Row 8 : 두 번째 뜬 다리와 안전핀에 걸려 있는 다리를 모아서 겉뜨기 한 줄을 뜹니다. (48코)

Row 9~31 : 안뜨기로 시작해서 메리야스뜨기 23단을 뜹니다.

Row 32 : 겉뜨기 6코, (왼코 겹쳐 2코 모아뜨기)×6번, 겉뜨기 12코, (왼코 겹쳐 2코 모아뜨기)×6번, 겉뜨기 6코를 뜹니다. (36코)

Row 33 : 안뜨기 1단을 뜹니다.

Row 34 : 위의 36코를 모두 앞뒤 겉뜨기로 코 늘리기로 뜹니다. (72코)

Row 35~53 : 안뜨기로 시작해서 메리야스뜨기 19단을 뜹니다.

Row 54 : 겉뜨기 18코, (왼코 겹쳐 2코 모아뜨기)×3번, 겉뜨기 24코, (왼코 겹쳐 2코 모아뜨기)×3번, 겉뜨기 18코를 뜹니다. (66코)

Row 55~57 : 안뜨기로 시작해서 메리야스뜨기 3단을 뜹니다.

Row 58 : 겉뜨기 16코, (왼코 겹쳐 2코 모아뜨기)×3번, 겉뜨기 22코, (왼코 겹쳐 2코 모아뜨기)×3번, 겉뜨기 16코를 뜹니다. (60코)

Row 59~61 : 안뜨기로 시작해서 메리야스뜨기 3단을 뜹니다.

Row 62 : 겉뜨기 14코, (왼코 겹쳐 2코 모아뜨기)×3번, 겉뜨기 20코, (왼코 겹쳐 2코 모아뜨기)×3번, 겉뜨기 14코를 뜹니다. (54코)

Row 63~65 : 안뜨기로 시작해서 메리야스뜨기 3단을 뜹니다.

Row 66 : 겉뜨기 12코, (왼코 겹쳐 2코 모아뜨기)×3번, 겉뜨기 18코, (왼코 겹쳐 2코 모아뜨기)×3번, 겉뜨기 12코를 뜹니다. (48코)

Row 67 : 안뜨기 1단을 뜹니다.

Row 68 : 겉뜨기 10코, (왼코 겹쳐 2코 모아뜨기)×3번, 겉뜨기 16코, (왼코 겹쳐 2코 모아뜨기)×3번, 겉뜨기 10코를 뜹니다. (42코)

Row 69 : 안뜨기 1단을 뜹니다.

Row 70 : 겉뜨기 8코, (왼코 겹쳐 2코 모아뜨기)×3번, 겉뜨기 14코, (왼코 겹쳐 2코 모아뜨기)×3번, 겉뜨기 8코를 뜹니다. (36코)

Row 71 : 안뜨기 1단을 뜹니다.

Row 72 : 겉뜨기 1코, (겉뜨기 2코, 왼코 겹쳐 2코 모아뜨기)×8번, 겉뜨기 3코를 뜹니다. (28코)

Row 73 : 안뜨기 1단을 뜹니다.

Row 74 : (겉뜨기 1코, 왼코 겹쳐 2코 모아뜨기)×9번, 겉뜨기 1코를 뜹니다. (19코)

Row 75 : 안뜨기 1단을 뜹니다.

Row 76 : (왼코 겹쳐 2코 모아뜨기)×9번, 겉뜨기 1코를 뜹니다. (10코)

∗ 돗바늘에 코를 옮겨 조여줍니다.

● 귀 (2개)

* 다크브라운색 실로 바늘에 24코를 만들어줍니다.

Row 1~5 : 겉뜨기로 시작해서 메리야스뜨기로 5단을 뜹니다.

Row 6 : (왼코 겹쳐 2코 모아 안뜨기)×12번을 뜹니다. (12코)

Row 7 : (왼코 겹쳐 2코 모아뜨기)×6번을 뜹니다. (6코)

* 돗바늘에 코를 옮겨 조여줍니다.

● 팔 (2개)

* 카멜색 실로 바늘에 7코를 만들어줍니다.

Row 1 : 안뜨기 1단을 뜹니다.

Row 2 : 위의 7코를 모두 앞뒤 겉뜨기로 코 늘리기로 뜹니다. (14코)

Row 3~18 : 안뜨기로 시작해서 메리야스뜨기로 16단을 뜹니다.

Row 19 : (왼코 겹쳐 2코 모아 안뜨기)×7번을 뜹니다. (7코)

* 돗바늘에 코를 옮겨 조여줍니다.

● 주둥이 (1개)

* 베이지색 실로 바늘에 32코를 만들어줍니다.

Row 1 : 안뜨기로 1단을 뜹니다.

Row 2 : 겉뜨기로 1단을 뜹니다.

Row 3 : (왼코 겹쳐 2코 모아 안뜨기)×16번을 뜹니다. (16코)

Row 4 : 겉뜨기로 1단을 뜹니다.

Row 5 : (왼코 겹쳐 2코 모아 안뜨기)×8번을 뜹니다. (8코)

* 돗바늘에 코를 옮겨 조여줍니다.

● 망토 (1개)

✴ 오렌지색 실로 바늘에 72코를 만들어줍니다.

Row 1~3 : 겉뜨기 3단을 뜹니다.

Row 4 : 첫 2코 겉뜨기, 안뜨기 68코, 마지막 2코 겉뜨기로 뜹니다.

Row 5 : 겉뜨기 5코, (왼코 겹쳐 2코 모아뜨기, 겉뜨기 4코)×11번, 겉뜨기 1코를 뜹니다. (61코)

Row 6 : 첫 2코 겉뜨기, 안뜨기 57코, 마지막 2코 겉뜨기로 뜹니다.

Row 7 : 겉뜨기 5코, (왼코 겹쳐 2코 모아뜨기, 겉뜨기 3코)×11번, 겉뜨기 1코를 뜹니다. (50코)

Row 8 : 첫 2코 겉뜨기, 안뜨기 46코, 마지막 2코 겉뜨기로 뜹니다.

✴ 겉뜨기로 코막음을 해줍니다.

● 꼬리 (1개)

✴ 베이지색 실로 바늘에 10코를 만들어줍니다.

Row 1~6 : 겉뜨기로 시작해서 메리야스뜨기로 6단을 뜹니다.

✴ 돗바늘에 코를 옮겨 조여줍니다.

도안

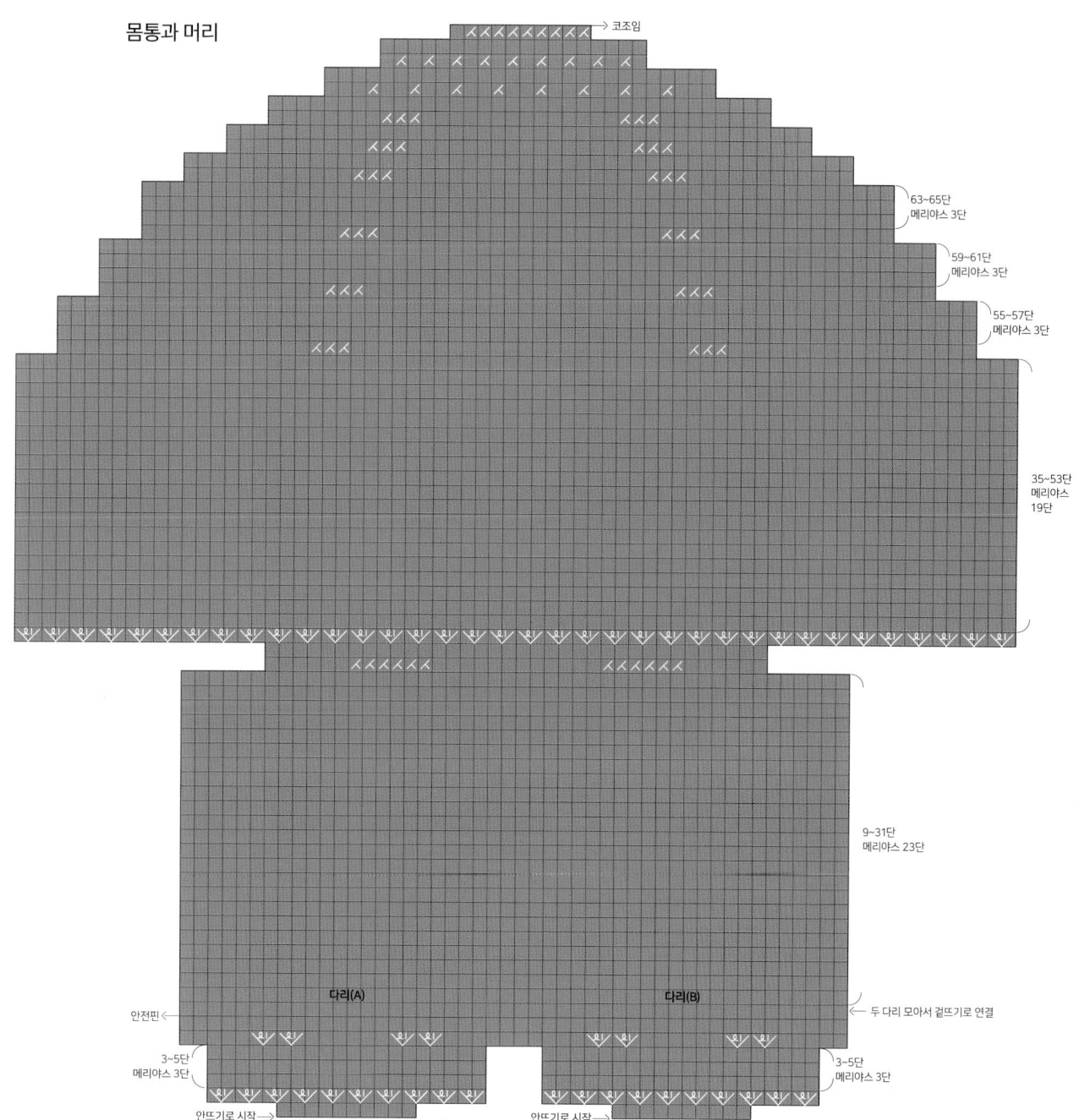

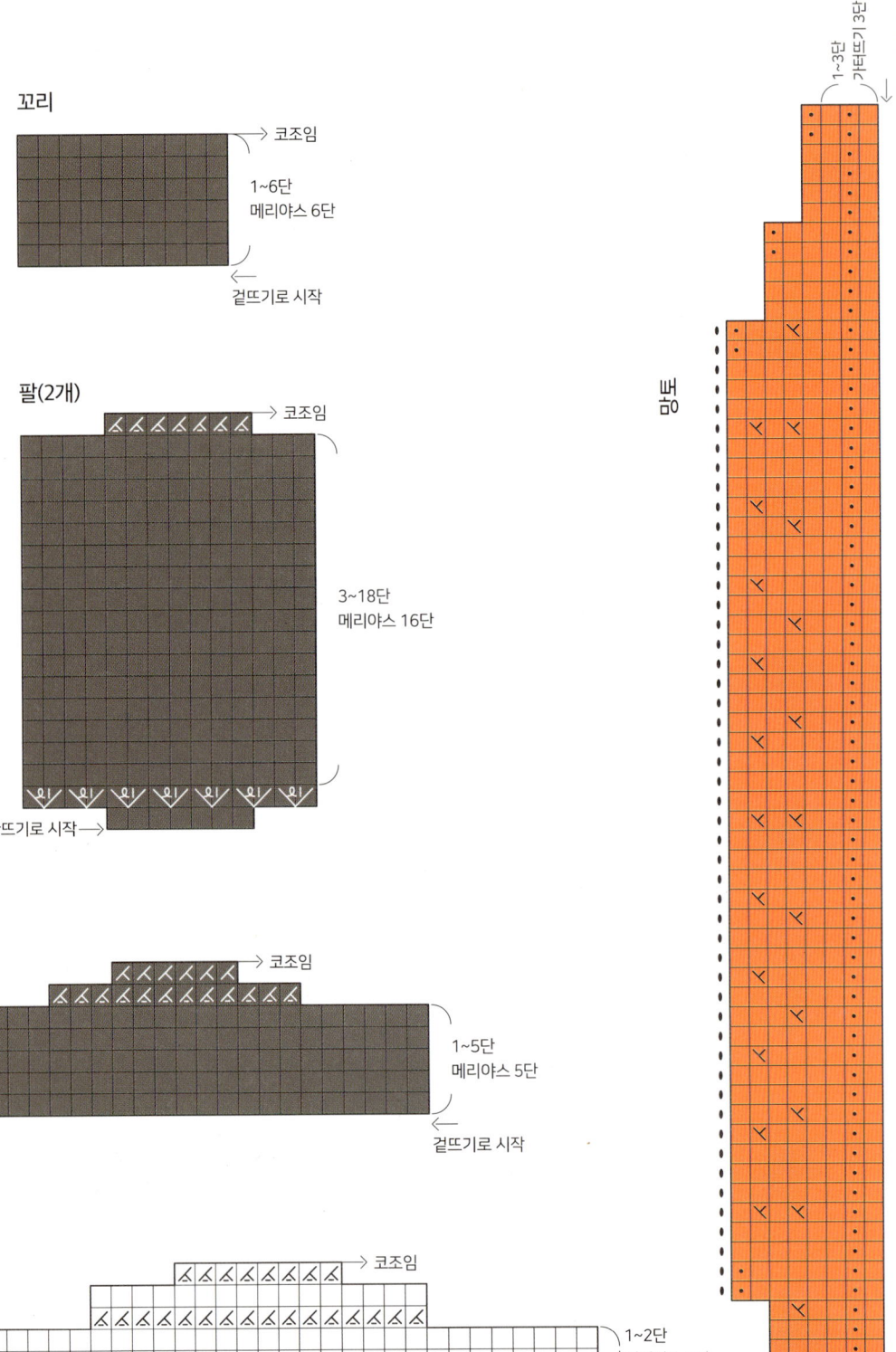

뜨는 방법 및 조립 과정

1. 다리 한 쪽을 뜹니다.

2. 뜬 다리는 안전핀에 옮겨놓습니다.

3. 반대쪽 다리를 뜬 후 안전핀에 걸려 있는 코를 겉뜨기로 뜨면서 바늘 하나에 두 다리를 모아줍니다.

4. 몸 전체를 뜬 후 코를 조여 마무리합니다.

5. 발끝을 한 코 건너 감침질하여 당겨주고, 몸의 등 부분까지 꿰매줍니다.

6. 머리 부분에서 등 쪽까지 꿰맨 후 다 막지 않고 겸자를 이용해 벌어진 틈으로 솜을 넣어 모양을 만듭니다.

7. 솜을 알맞게 넣은 후 바느질을 마무리하고 솜이 뭉쳐진 부분은 송곳을 사용해 정리해줍니다.

8. 다리 사이에 구멍은 감침질로 잘 막아줍니다.

9. 코를 늘린 자리에서 몸과 같은 색상의 실로 목을 조인 후 풀어지지 않도록 꽉 묶어줍니다.

10. 위와 같이 목을 조여 머리와 몸의 경계를 확실하게 나눠줍니다.

11. 귀를 떠서 뒷부분은 메리야스잇기로 꿰매놓습니다.

12. 팔도 메리야스잇기로 꿰맨 후 적당히 솜을 넣어 바느질을 마무리해줍니다.

13. 몸의 옆면에 위치를 잘 정해 팔을 달아줍니다.

14. 주둥이와 귀의 위치를 잡아 시침핀으로 고정해놓습니다.

15. 귀와 주둥이를 붙여줄 때는 약간의 솜을 넣어 입체감을 표현합니다.

16. 망토를 두르고 장식단추를 달아줍니다. 눈의 홀을 표현해준 후 눈을 달아줍니다.

17. 핑크색 실로 볼터치를 표현해주고 오렌지색 실로 코를 표현해줍니다.

18. 꼬리를 떠서 메리야스잇기로 바느질한 후 뚫린 구멍으로 솜을 동그랗게 말아 넣습니다.

19. 적당히 솜을 넣고 감칠질로 바늘질해 코를 조여 마무리합니다.

20. 엉덩이에 꼬리를 달아줍니다.

실과 도구

눈 7mm 인형 눈 1쌍

귀 GGH / cumba #004 dark brown

코 오렌지색 자수실

주둥이 ROWAN / pure wool dk #012 snow

볼터치 핑크색 울 자수실

망토 GGH / wooly wasch #81 yellow

퐁퐁, 필, 나니, 미디 ROWAN / cashmere tweed #001 oats

인형 사이즈 약 16cm
바늘 2.5mm

*그 외
장식단추, 리본

사용되는 뜨개법

겉뜨기 (k)

안뜨기 (p)

왼코 겹쳐 2코 모아뜨기 (k2tog)

왼코 겹쳐 2코 모아 안뜨기 (p2tog)

앞뒤 겉뜨기로 코 늘리기 (inc, kfb)

메리야스뜨기 (st-st)

코막음 (cast off)

바늘비우기 (yo)

● 다리 (2개)

  ＊ 오트밀색 실로 바늘에 10코를 만들어줍니다.

  Row 1 : 안뜨기 1단을 뜹니다.

  Row 2 : 위의 10코를 모두 앞뒤 겉뜨기로 코 늘리기로 뜹니다. (20코)

  Row 3~5 : 안뜨기로 시작해서 메리야스뜨기 3단을 뜹니다.

  Row 6 : 겉뜨기 5코, 앞뒤 겉뜨기로 코 늘리기 2번, 겉뜨기 6코, 앞뒤 겉뜨기로 코 늘리기 2번, 겉뜨기 5코를 뜹니다. (24코)

  Row 7 : 안뜨기 1단을 뜹니다.

  ＊ 다리 하나는 가위로 실을 자르고 안전핀에 걸어둡니다.

● 몸통과 머리

  Row 8 : 두 번째 뜬 다리와 안전핀에 걸려 있는 다리를 모아서 겉뜨기 한 줄을 뜹니다. (48코)

  Row 9~31 : 안뜨기로 시작해서 메리야스뜨기 23단을 뜹니다.

  Row 32 : 겉뜨기 6코, (왼코 겹쳐 2코 모아뜨기)×6번, 겉뜨기 12코, (왼코 겹쳐 2코 모아뜨기)×6번, 겉뜨기 6코를 뜹니다. (36코)

  Row 33 : 안뜨기 1단을 뜹니다.

  Row 34 : 위의 36코를 모두 앞뒤 겉뜨기로 코 늘리기로 뜹니다. (72코)

  Row 35~53 : 안뜨기로 시작해서 메리야스뜨기 19단을 뜹니다.

  Row 54 : 겉뜨기 18코, (왼코 겹쳐 2코 모아뜨기)×3번, 겉뜨기 24코, (왼코 겹쳐 2코 모아뜨기)×3번, 겉뜨기 18코를 뜹니다. (66코)

  Row 55~57 : 안뜨기로 시작해서 메리야스뜨기 3단을 뜹니다.

  Row 58 : 겉뜨기 16코, (왼코 겹쳐 2코 모아뜨기)×3번, 겉뜨기 22코, (왼코 겹쳐 2코 모아뜨기)×3번, 겉뜨기 16코를 뜹니다. (60코)

  Row 59~61 : 안뜨기로 시작해서 메리야스뜨기 3단을 뜹니다.

  Row 62 : 겉뜨기 14코, (왼코 겹쳐 2코 모아뜨기)×3번, 겉뜨기 20코, (왼코 겹쳐 2코 모아뜨기)×3번, 겉뜨기 14코를 뜹니다. (54코)

  Row 63~65 : 안뜨기로 시작해서 메리야스뜨기 3단을 뜹니다.

  Row 66 : 겉뜨기 12코, (왼코 겹쳐 2코 모아뜨기)×3번, 겉뜨기 18코, (왼코 겹쳐 2코 모아뜨기)×3번, 겉뜨기 12코를 뜹니다. (48코)

  Row 67 : 안뜨기 1단을 뜹니다.

  Row 68 : 겉뜨기 10코, (왼코 겹쳐 2코 모아뜨기)×3번, 겉뜨기 16코, (왼코 겹쳐 2코 모아뜨기)×3번, 겉뜨기 10코를 뜹니다. (42코)

  Row 69 : 안뜨기 1단을 뜹니다.

  Row 70 : 겉뜨기 8코, (왼코 겹쳐 2코 모아뜨기)×3번, 겉뜨기 14코, (왼코 겹쳐 2코 모아뜨기)×3번, 겉뜨기 8코를 뜹니다. (36코)

  Row 71 : 안뜨기 1단을 뜹니다.

  Row 72 : 겉뜨기 1코, (겉뜨기 2코, 왼코 겹쳐 2코 모아뜨기)×8번, 겉뜨기 3코를 뜹니다. (28코)

  Row 73 : 안뜨기 1단을 뜹니다.

  Row 74 : (겉뜨기 1코, 왼코 겹쳐 2코 모아뜨기)×9번, 겉뜨기 1코를 뜹니다. (19코)

  Row 75 : 안뜨기 1단을 뜹니다.

  Row 76 : (왼코 겹쳐 2코 모아뜨기)×9번, 겉뜨기 1코를 뜹니다. (10코)

  ＊ 돗바늘에 코를 옮겨 조여줍니다.

● 귀 (2개)

* 다크브라운색 실로 바늘에 14코를 만들어줍니다.

Row 1 : 안뜨기 1단을 뜹니다.

Row 2 : 위의 14코를 모두 앞뒤 겉뜨기로 코 늘리기로 뜹니다. (28코)

Row 3~9 : 안뜨기로 시작해서 메리야스뜨기로 7단을 뜹니다.

Row 10~23 : 매 단 처음 뜰 때 왼코 겹쳐 2코 모아뜨기로 시작하면서 메리야스뜨기로 14단을 뜹니다. (14코)

Row 24 : (왼코 겹쳐 2코 모아뜨기)×7번을 뜹니다. (7코)

* 안뜨기로 코막음을 해줍니다.

● 팔 (2개)

* 오트밀색 실로 바늘에 7코를 만들어줍니다.

Row 1 : 안뜨기 1단을 뜹니다.

Row 2 : 위의 7코를 모두 앞뒤 겉뜨기로 코 늘리기로 뜹니다. (14코)

Row 3~18 : 안뜨기로 시작해서 메리야스뜨기로 16단을 뜹니다.

Row 19 : (왼코 겹쳐 2코 모아 안뜨기)×7번을 뜹니다. (7코)

* 돗바늘에 코를 옮겨 조여줍니다.

● 주둥이 (1개)

✻ 화이트색 실로 바늘에 32코를 만들어줍니다.

Row 1~3 : 안뜨기로 시작해서 메리야스뜨기 3단을 뜹니다.

Row 4 : (윈코 겹쳐 2코 모아뜨기)×16번을 뜹니다. (16코)

Row 5 : 안뜨기 1단을 뜹니다.

Row 6 : (윈코 겹쳐 2코 모아뜨기)×8번을 뜹니다. (8코)

✻ 돗바늘에 코를 옮겨 조여줍니다.

● 꼬리 (1개)

✻ 다크브라운색 실로 바늘에 8코를 만들어줍니다.

Row 1~4 : 겉뜨기로 시작해서 메리야스뜨기 4단을 뜹니다.

Row 5 : 겉뜨기 1코, 윈코 겹쳐 2코 모아뜨기, 겉뜨기 2코, 윈코 겹쳐 2코 모아뜨기, 겉뜨기 1코를 뜹니다. (6코)

Row 6~8 : 안뜨기로 시작해 메리야스뜨기 3단을 뜹니다.

Row 9 : 겉뜨기 1코, (윈코 겹쳐 2코 모아뜨기)×2번, 겉뜨기 1코를 뜹니다. (4코)

✻ 돗바늘에 코를 옮겨 조여줍니다.

● 망토 (1개)

✻ 옐로우색 실로 바늘에 48코를 만들어줍니다.

Row 1 : 안뜨기 1단을 뜹니다.

Row 2 : 겉뜨기 2코, 앞뒤 겉뜨기로 코 늘리기 1번, (겉뜨기 5코, 앞뒤 겉뜨기로 코 늘리기 1번)×7번, 겉뜨기 3코를 뜹니다. (56코)

Row 3~8 : 안뜨기를 시작으로 메리야스뜨기 6단을 뜹니다.

Row 9 : 겉뜨기 2코, (바늘비우기, 윈코 겹쳐 2코 모아뜨기)×26번, 겉뜨기 2코를 뜹니다. (56코)

Row 10~12 : 겉뜨기를 시작으로 메리야스뜨기 3단을 뜹니다.

Row 13 : 겉뜨기 2코, (바늘비우기, 윈코 겹쳐 2코 모아뜨기)×26번, 겉뜨기 2코를 뜹니다. (56코)

Row 14~15 : 겉뜨기를 시작으로 메리야스뜨기 2단을 뜹니다.

Row 16 : 겉뜨기 3코, (윈코 겹쳐 2코 모아뜨기, 겉뜨기 5코)×7번, 윈코 겹쳐 2코 모아뜨기, 겉뜨기 2코를 뜹니다. (48코)

Row 17 : 안뜨기 1단을 뜹니다.

✻ 겉뜨기로 코막음을 해줍니다.

도안

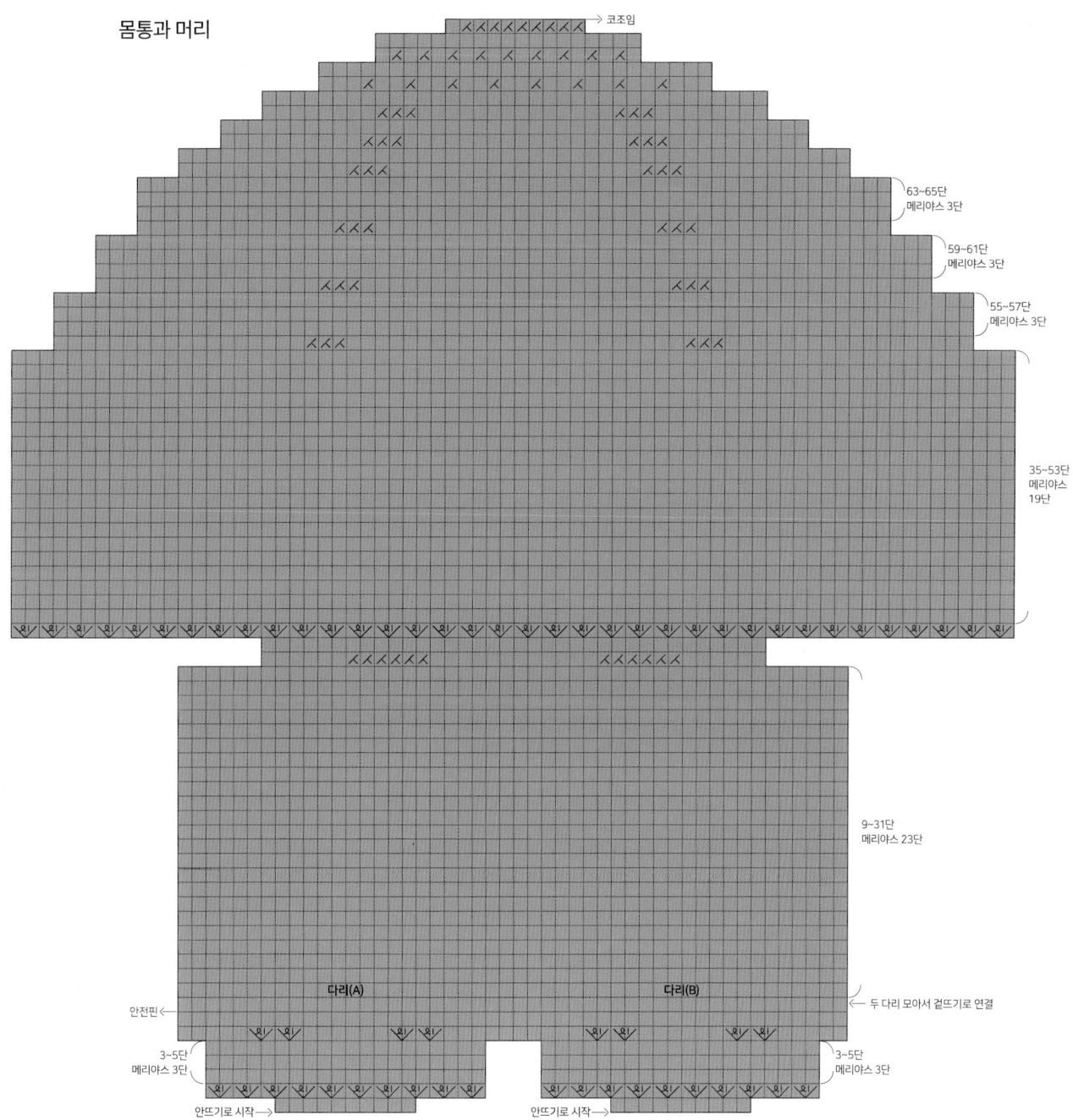

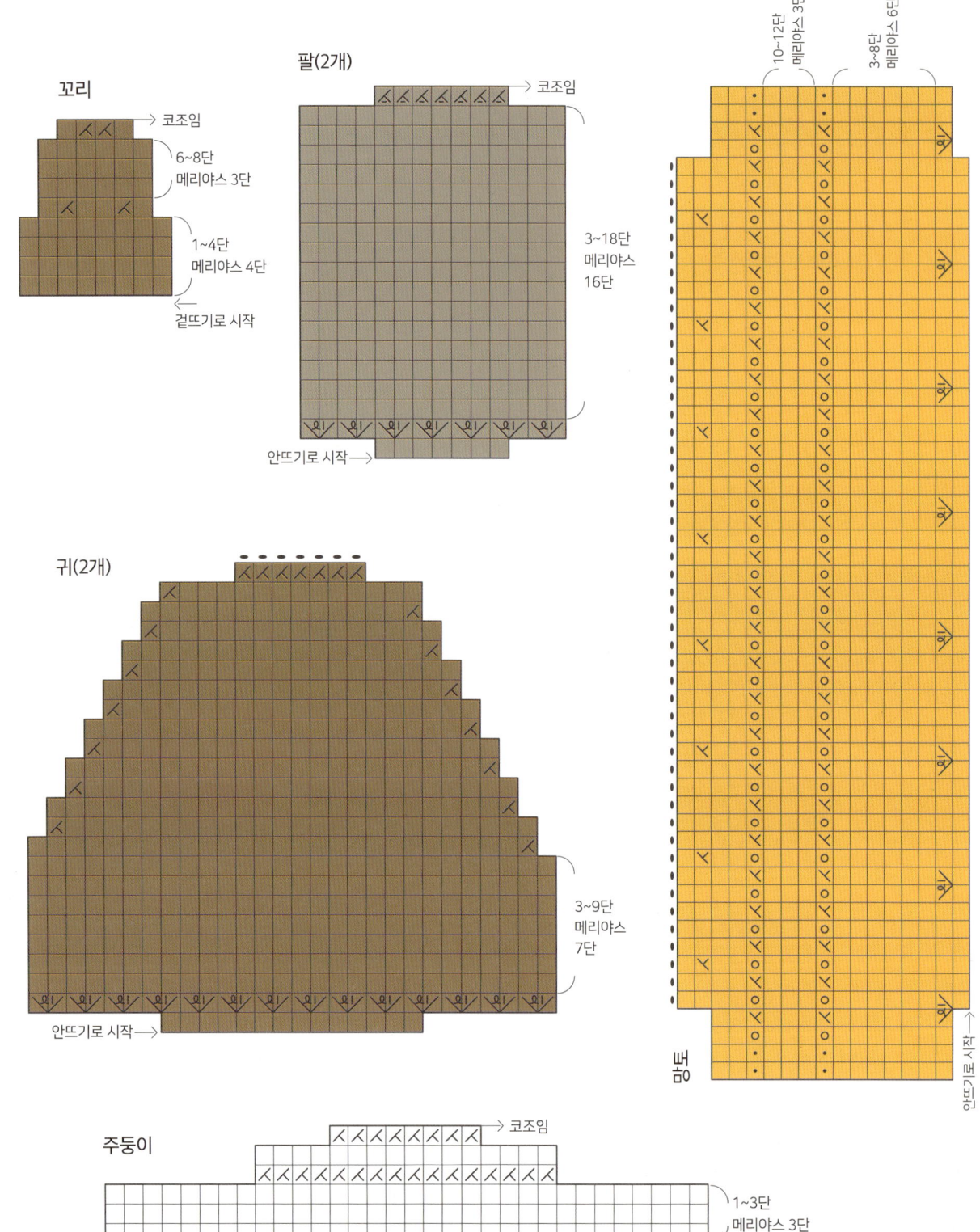

뜨는 방법 및 조립 과정

1. 주둥이를 메리야스잇기로 잘 꿰맨 후 동그랗게 모양을 잡아 강아지 얼굴 적당한 곳에 시침핀으로 위치를 잡은 후 한 땀씩 꿰매줍니다.

tip. 인형 몸통 부분 바느질과 솜 넣는 방법은 '아기 곰 테디' 인형과 같습니다.

2. 주둥이의 바느질을 마무리하기 전 구멍을 겸자로 살짝 벌려 솜을 넣어 입체감을 살려준 후 바느질을 마무리합니다.

3. 팔 2개를 떠 메리야스잇기로 꿰매놓습니다.

4. 바느질을 마무리하기 직전 팔에도 적당히 솜을 넣어 같은 크기로 2개를 만들어줍니다.

5. 몸의 옆면 가운데에 맞춰 팔을 달아줍니다.

6. 옆쪽의 팔의 위치에 맞춰 한 쪽도 마저 달아줍니다.

7. 다크브라운색 실로 귀를 도안대로 뜹니다.

8. 귀를 반으로 접어 아랫단부터 감침질로 꿰매줍니다.

9. 귀를 달 양쪽 자리에 시침핀으로 고정합니다.

10. 귀와 머리를 한 땀씩 안쪽으로 꿰매 고정합니다.

11. 귀는 머리에 반만 고정하고 반은 그대로 둡니다.

12. 강아지 망토는 옐로우색 실로 도안대로 떠 반을 접어 맨 윗단과 맨 마지막 단을 서로 감침질로 꿰매줍니다.

13. 눈을 표시한 부분에 튼튼한 실로 홀을 잡아 얼굴에 입체감을 표현합니다.

14. 핑크색 실로 볼터치를 표현해주고, 오렌지색 실로 코와 입을 수놓아줍니다.

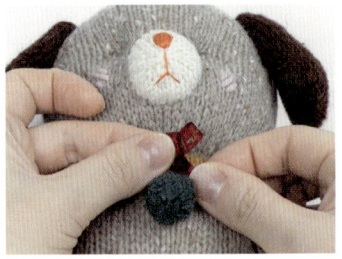

15. 노란 망토를 둘러주고 방울을 달아줍니다.

16. 홀은 잡은 자리에 눈을 달아줍니다.

17. 꼬리는 도안대로 뜬 후 메리야스잇기로 바느질합니다.

18. 엉덩이 부분에 꼬리를 달아줍니다.

≈ 03 ≈
아기 사자 레오

실과 도구

귀, 눈썹
PHILDAR / partner3.5 #12 milk brown

눈 7mm 인형 눈 1쌍

주둥이
ROWAN / pure wool dk #012 snow

몸통, 팔, 다리, 머리
ROWAN / cashmere tweed #10 mustard

갈기 ROWAN / pure wool dk #040 tangerine

코 다크브라운색 울 자수실

볼터치 핑크색 울 자수실

망토
ROWAN / pure wool superwash dk #108 blue

인형 사이즈 약 16cm
바늘 2.5mm

*그 외
장식단추

사용되는 뜨개법

겉뜨기 (k)

안뜨기 (p)

왼코 겹쳐 2코 모아뜨기 (k2tog)

왼코 겹쳐 2코 모아 안뜨기 (p2tog)

앞뒤 겉뜨기로 코 늘리기 (inc, kfb)

돌려뜨기로 코 늘리기 (m1)

메리야스뜨기 (st-st)

코막음 (cast off)

바늘비우기 (yo)

패턴

● 다리 (2개)

＊ 머스터드색 실로 바늘에 10코를 만들어줍니다.

Row 1 : 안뜨기 1단을 뜹니다.

Row 2 : 위의 10코를 모두 앞뒤 겉뜨기로 코 늘리기로 뜹니다. (20코)

Row 3~5 : 안뜨기로 시작해서 메리야스뜨기로 3단을 뜹니다.

Row 6 : 겉뜨기 5코, 앞뒤 겉뜨기로 코 늘리기 2번, 겉뜨기 6코, 앞뒤 겉뜨기로 코 늘리기 2번, 겉뜨기 5코를 뜹니다. (24코)

Row 7 : 안뜨기 1단을 뜹니다.

＊ 다리 하나는 가위로 실을 자르고 안전핀에 걸어둡니다.

● 몸통과 머리

Row 8 : 두 번째 뜬 다리와 안전핀에 걸려 있는 다리를 모아서 겉뜨기 한 단을 뜹니다. (48코)

Row 9~31 : 안뜨기로 시작해서 메리야스뜨기 23단을 뜹니다.

Row 32 : 겉뜨기 6코, (왼코 겹쳐 2코 모아뜨기)×6번, 겉뜨기 12코, (왼코 겹쳐 2코 모아뜨기)×6번, 겉뜨기 6코를 뜹니다. (36코)

Row 33 : 안뜨기 1단을 뜹니다.

Row 34 : 위의 36코를 모두 앞뒤 겉뜨기로 코 늘리기로 뜹니다. (72코)

Row 35~53 : 안뜨기로 시작해서 메리야스뜨기 19단을 뜹니다.

Row 54 : 겉뜨기 18코, (왼코 겹쳐 2코 모아뜨기)×3번, 겉뜨기 24코, (왼코 겹쳐 2코 모아뜨기)×3번, 겉뜨기 18코를 뜹니다. (66코)

Row 55~57 : 안뜨기로 시작해서 메리야스뜨기 3단을 뜹니다.

Row 58 : 겉뜨기 16코, (왼코 겹쳐 2코 모아뜨기)×3번, 겉뜨기 22코, (왼코 겹쳐 2코 모아뜨기)×3번, 겉뜨기 16코를 뜹니다. (60코)

Row 59~61 : 안뜨기로 시작해서 메리야스뜨기 3단을 뜹니다.

Row 62 : 겉뜨기 14코, (왼코 겹쳐 2코 모아뜨기)×3번, 겉뜨기 20코, (왼코 겹쳐 2코 모아뜨기)×3번, 겉뜨기 14코를 뜹니다. (54코)

Row 63~65 : 안뜨기로 시작해서 메리야스뜨기 3단을 뜹니다.

Row 66 : 겉뜨기 12코, (왼코 겹쳐 2코 모아뜨기)×3번, 겉뜨기 18코, (왼코 겹쳐 2코 모아뜨기)×3번, 겉뜨기 12코를 뜹니다. (48코)

Row 67 : 안뜨기 1단을 뜹니다.

Row 68 : 겉뜨기 10코, (왼코 겹쳐 2코 모아뜨기)×3번, 겉뜨기 16코, (왼코 겹쳐 2코 모아뜨기)×3번, 겉뜨기 10코를 뜹니다. (42코)

Row 69 : 안뜨기 1단을 뜹니다.

Row 70 : 겉뜨기 8코, (왼코 겹쳐 2코 모아뜨기)×3번, 겉뜨기 14코, (왼코 겹쳐 2코 모아뜨기)×3번, 겉뜨기 8코를 뜹니다. (36코)

Row 71 : 안뜨기 1단을 뜹니다.

Row 72 : 겉뜨기 1코, (겉뜨기 2코, 왼코 겹쳐 2코 모아뜨기)×8번, 겉뜨기 3코를 뜹니다. (28코)

Row 73 : 안뜨기 1단을 뜹니다.

Row 74 : (겉뜨기 1코, 왼코 겹쳐 2코 모아뜨기)×9번, 겉뜨기 1코를 뜹니다. (19코)

Row 75 : 안뜨기 1단을 뜹니다.

Row 76 : (왼코 겹쳐 2코 모아뜨기)×9번, 겉뜨기 1코를 뜹니다. (10코)

＊ 돗바늘에 코를 옮겨 조여줍니다.

● 귀 (2개)

* 밀크브라운색 실로 바늘에 18코를 만들어줍니다.

Row 1~3 : 안뜨기로 시작해서 메리야스뜨기로 3단을 뜹니다.

Row 4 : (왼코 겹쳐 2코 모아뜨기)×9번을 뜹니다. (9코)

Row 5 : 안뜨기 1단을 뜹니다.

Row 6 : (왼코 겹쳐 2코 모아뜨기)×2번, 겉뜨기 1코, (왼코 겹쳐 2코 모아뜨기)×2번을 뜹니다. (5코)

* 돗바늘에 코를 옮겨 조여줍니다.

● 꼬리 (1개)

* 머스터드색 실로 바늘에 6코를 만들어줍니다.

Row 1 : 겉뜨기로 시작해서 메리야스뜨기 6단을 뜹니다.

Row 2 : 마지막 단은 돗바늘로 코를 옮겨 조여줍니다.

* 브라운색 실로 폼폼방울을 만들어 꼬리 끝에 붙여줍니다.

● 팔 (2개)

* 머스터드색 실로 바늘에 7코를 만들어줍니다.

Row 1 : 안뜨기 1단을 뜹니다.

Row 2 : 위의 7코를 모두 앞뒤 겉뜨기로 코 늘리기로 뜹니다. (14코)

Row 3~18 : 안뜨기로 시작해서 메리야스뜨기로 16단을 뜹니다.

Row 19 : (왼코 겹쳐 2코 모아 안뜨기)×7번을 뜹니다. (7코)

* 돗바늘에 코를 옮겨 조여줍니다.

● 주둥이 (1개)

* 화이트색 실로 바늘에 32코를 만들어줍니다.

Row 1~3 : 안뜨기로 시작해서 메리야스뜨기 3단을 뜹니다.

Row 4 : (왼코 겹쳐 2코 모아뜨기)×16번을 뜹니다. (16코)

Row 5 : 안뜨기 1단을 뜹니다.

Row 6 : (왼코 겹쳐 2코 모아뜨기)×8번을 뜹니다. (8코)

* 돗바늘에 코를 옮겨 조여줍니다.

● 망토 (1개)

* 블루색 실로 바늘에 72코를 만들어줍니다.

Row 1~2 : 겉뜨기 2단을 뜹니다.

Row 3 : 겉뜨기 2코, (바늘비우기, 왼코 겹쳐 2코 모아뜨기)× 34번, 겉뜨기 2코를 뜹니다. (72코)

Row 4~5 : 겉뜨기 2단을 뜹니다.

Row 6 : 안뜨기 1단을 뜹니다.

Row 7 : 겉뜨기 5코, (왼코 겹쳐 2코 모아뜨기, 겉뜨기 4코)× 11번, 겉뜨기 1코를 뜹니다. (61코)

Row 8 : 안뜨기로 1단을 뜹니다.

Row 9 : 겉뜨기 5코, (왼코 겹쳐 2코 모아뜨기, 겉뜨기 3코)× 11번, 겉뜨기 1코를 뜹니다. (50코)

Row 10 : 안뜨기로 1단을 뜹니다.

* 겉뜨기로 코막음을 해줍니다.

● 갈기 (1개)

* 오렌지색 실로 바늘에 4코를 만들어줍니다.

Row 1 : 한 코를 뜨지 않고 오른쪽 바늘로 넘기고 겉뜨기 3코를 뜹니다.

Row 2 : 한 코를 뜨지 않고 오른쪽 바늘로 넘기고 겉뜨기 3코를 뜹니다.

Row 3 : 한 코를 뜨지 않고 오른쪽 바늘로 넘기고 돌려뜨기로 코 늘리기 1번, 겉뜨기 1코를 뜬 후 편물을 뒤집어줍니다.

Row 4 : 한 코를 뜨지 않고 오른쪽 바늘로 넘기고 겉뜨기 2코를 뜹니다.

Row 5 : 한 코를 뜨지 않고 오른쪽 바늘로 넘기고 돌려뜨기로 코 늘리기 1번, 겉뜨기 4코를 뜹니다.

Row 6 : 한 코를 뜨지 않고 오른쪽 바늘로 넘기고 겉뜨기 5코를 뜹니다.

Row 7 : 한 코를 뜨지 않고 오른쪽 바늘로 넘기고 돌려뜨기로 코 늘리기 1번, 겉뜨기 2코를 뜬 후 편물을 뒤집어줍니다.

Row 8 : 한 코를 뜨지 않고 오른쪽 바늘로 넘기고 겉뜨기 3코를 뜹니다.

Row 9 : 한 코를 뜨지 않고 오른쪽 바늘로 넘기고 왼코 겹쳐 2코 모아뜨기, 겉뜨기 4코를 뜹니다.

Row 10 : 한 코를 뜨지 않고 오른쪽 바늘로 넘기고 겉뜨기 5코를 뜹니다.

Row 11 : 한 코를 뜨지 않고 오른쪽 바늘로 넘기고 왼코 겹쳐 2코 모아뜨기, 겉뜨기 1코를 뜬 후 편물을 뒤집어줍니다.

Row 12 : 한 코를 뜨지 않고 오른쪽 바늘로 넘기고 겉뜨기 2코를 뜹니다.

Row 13 : 한 코를 뜨지 않고 오른쪽 바늘로 넘기고 왼코 겹쳐 2코 모아뜨기, 겉뜨기 2코를 뜹니다.

Row 14 : 한 코를 뜨지 않고 오른쪽 바늘로 넘기고 겉뜨기 3코를 뜹니다.

tip. Row 1~14까지 사자 얼굴에 대보면서 얼굴에 맞춰질 때까지 반복해서 떠줍니다. 마지막 단에서는 코막음을 해줍니다.

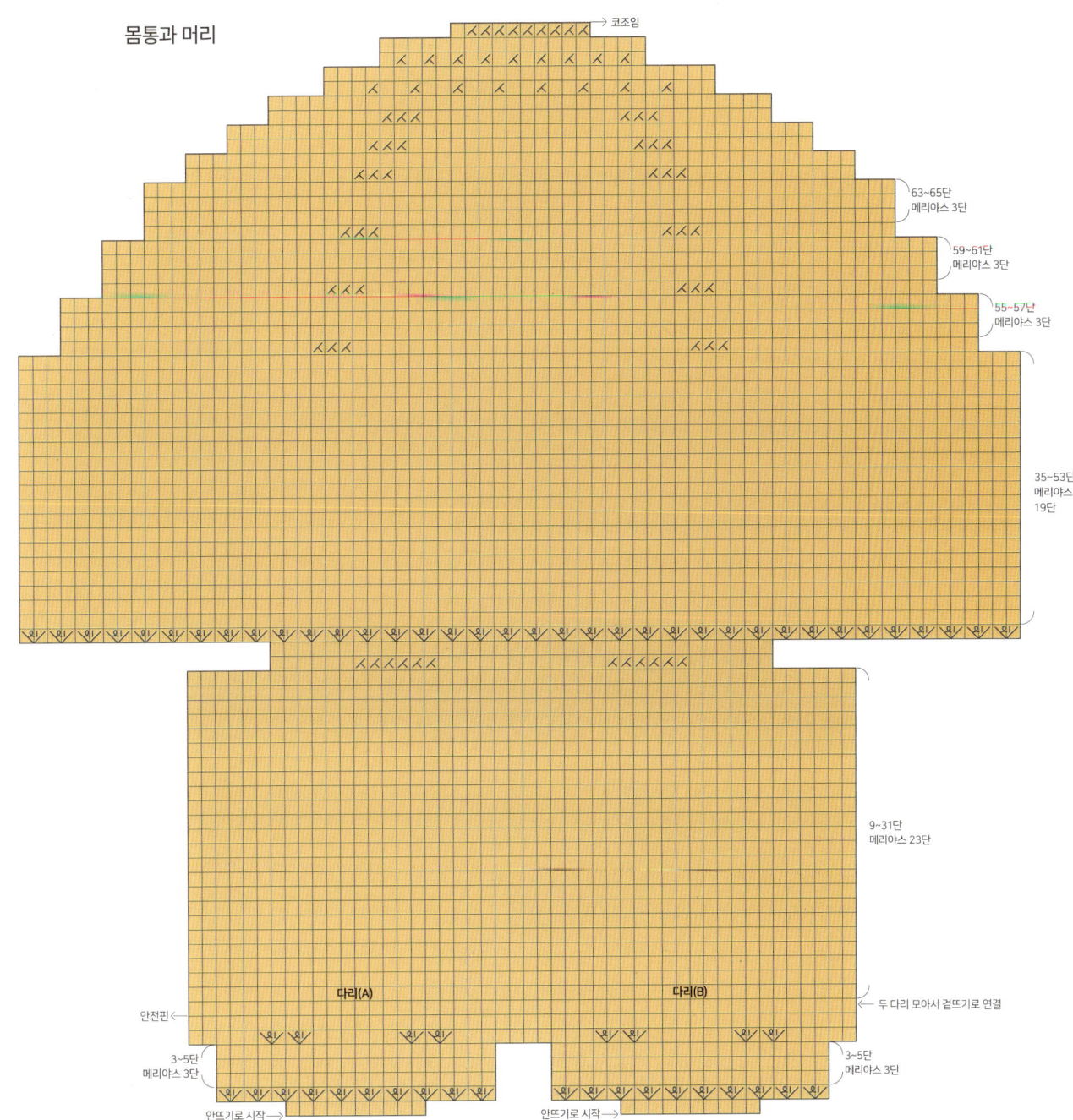

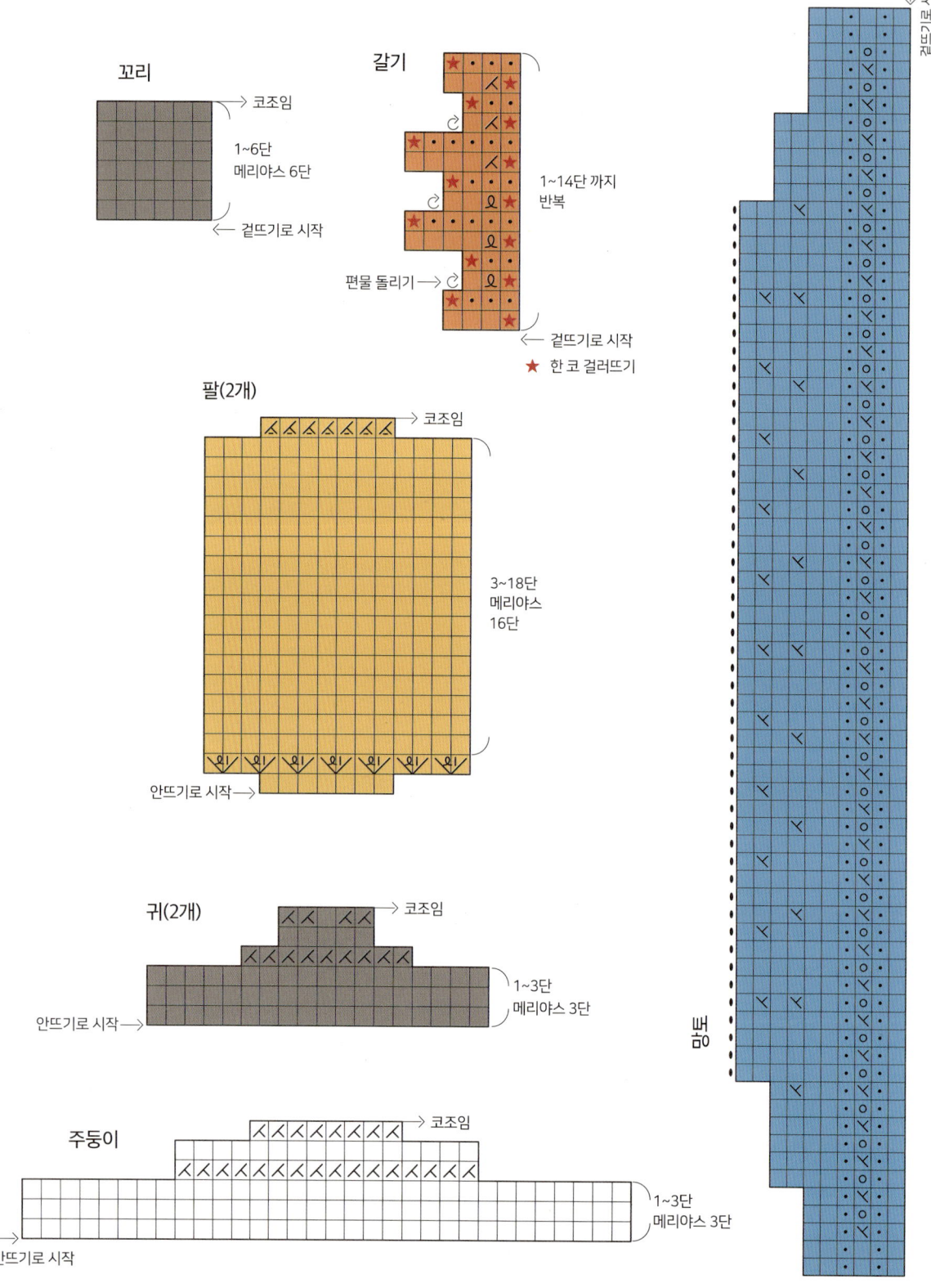

뜨는 방법 및 조립 과정

1. 몸 부분 편물을 먼저 뜨고 위아래를 메리야스잇기로 꿰매줍니다. 창구멍을 조금 남겨 통통하게 솜을 채운 후 창구멍을 마무리합니다. 팔도 솜을 적당히 채워 몸에 달아줍니다.

tip. 인형 몸통 부분 바느질과 솜 넣는 방법은 '아기 곰 테디' 인형과 같습니다.

2. 사자에게 달아줄 갈기를 얼굴에 맞춰보면서 적당한 길이까지 떠줍니다. 양끝을 모아 예쁘고 가지런하게 꿰매놓습니다.

3. 가지런하게 마무리한 후 동그랗게 모양을 잡아놓습니다.

4. 사자의 얼굴에 맞춰 갈기의 위치를 시침핀으로 고정해놓습니다.

5. 얼굴에 맞닿는 갈기의 아래 코와 사자의 얼굴에 바느질로 갈기를 고정시켜줍니다.

6. 사자의 귀를 떠서 뒷부분을 메리야스잇기로 꿰매 놓습니다.

7. 사자의 주둥이 부분을 떠서 얼굴의 적당한 위치에 시침핀으로 고정해놓고 메리야스잇기로 모양을 잡아가면서 꿰매줍니다.

8. 구멍을 조금 남겨놓고 솜을 알맞게 넣어 입체감을 만들어줍니다.

9. 모양에 맞춰 꿰맨 후 실을 반대쪽으로 빼 가운데 부분을 힘을 줘서 당겨줍니다. 이 과정을 한 번 더 반복해 단단하게 고정시켜 실을 정리합니다.

10. 얼굴의 중심을 시침핀으로 표시한 후 눈이 달릴 자리를 펜으로 표시해줍니다.

11. 눈을 표시한 부분에 튼튼한 실로 홀을 잡아 얼굴에 입체감을 나타내줍니다.

12. 얼굴 균형에 맞춰 양쪽 귀를 시침핀으로 고정한 후 눈의 위치를 대략 맞춰봅니다.

13. 귀를 메리야스잇기로 촘촘하게 꿰매줍니다.

14. 브라운색 실로 눈썹을 표시해줍니다.

15. 핑크색 실로 볼터치를 표현해줍니다.

16. 목에 두를 망토를 도안대로 떠 놓습니다.

17. 망토를 둘러 고정시킨 후 코와 입을 자수실로 수놓아줍니다.

18. 꼬리를 도안대로 떠준 후 뒷부분은 메리야스잇기로 꿰매줍니다.

19. 폼폼방울을 만들어 꼬리의 끝에 달아 줍니다.

20. 마지막으로 눈의 위치가 적당하다면 실로 단단하게 고정시켜줍니다.

21. 만들어놓은 꼬리를 사자 엉덩이에 실로 꿰매줍니다.

≈ 04 ≈
아기 양 메리

실과 도구

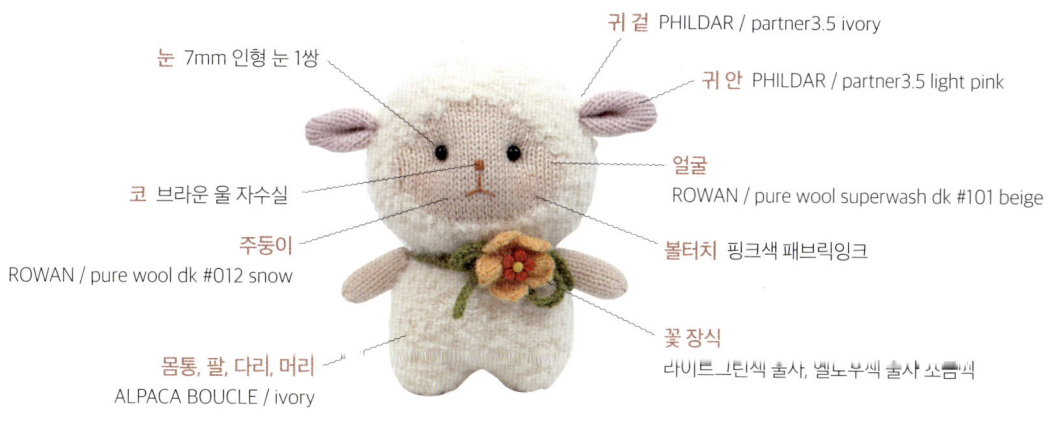

- 귀 겉 PHILDAR / partner3.5 ivory
- 귀 안 PHILDAR / partner3.5 light pink
- 눈 7mm 인형 눈 1쌍
- 얼굴 ROWAN / pure wool superwash dk #101 beige
- 코 브라운 울 자수실
- 주둥이 ROWAN / pure wool dk #012 snow
- 볼터치 핑크색 패브릭잉크
- 꽃 장식 라이트그린색 출사, 옐노부색 출사 소름색
- 몸통, 팔, 다리, 머리 ALPACA BOUCLE / ivory

인형 사이즈 약 16cm
바늘 2.25mm

* 그 외
장식단추

사용되는 뜨개법

겉뜨기 (k)

안뜨기 (p)

왼코 겹쳐 2코 모아뜨기 (k2tog)

왼코 겹쳐 2코 모아 안뜨기 (p2tog)

오른코 겹쳐 2코 모아뜨기 (skpo)

앞뒤 겉뜨기로 코 늘리기 (inc, kfb)

메리야스뜨기 (st-st)

코막음 (cast off)

패 턴

● 다리 (2개)

＊ 부클사 아이보리색 실로 바늘에 10코를 만들어줍니다.

Row 1 : 안뜨기로 1단을 뜹니다.

Row 2 : 위의 10코를 모두 앞뒤 겉뜨기로 코 늘리기로 뜹니다. (20코)

Row 3~5 : 안뜨기로 시작해서 메리야스뜨기로 3단을 뜹니다.

Row 6 : 겉뜨기 5코, 앞뒤 겉뜨기로 코 늘리기 2번, 겉뜨기 6코, 앞뒤 겉뜨기로 코 늘리기 2번, 겉뜨기 5코를 뜹니다. (24코)

Row 7 : 안뜨기로 1단을 뜹니다.

＊ 다리 하나를 뜨면 가위로 실을 자르고 안전핀에 걸어둡니다.

● 몸통과 머리

Row 8 : 두 번째 뜬 다리와 안전핀에 걸려 있는 다리를 모아서 겉뜨기 한 줄을 뜹니다. (48코)

Row 9~31 : 안뜨기로 시작해서 메리야스뜨기 23단을 뜹니다.

Row 32 : 겉뜨기 6코, (왼코 겹쳐 2코 모아뜨기)×6번, 겉뜨기 12코, (왼코 겹쳐 2코 모아뜨기)×6번, 겉뜨기 6코를 뜹니다. (36코)

Row 33 : 안뜨기 1단을 뜹니다.

Row 34 : 위의 36코를 모두 앞뒤 겉뜨기로 코 늘리기로 뜹니다. (72코)

Row 35~39 : 안뜨기로 시작하여 메리야스뜨기 5단을 뜹니다.

tip. 여기서부터는 그림 도안을 참고합니다.

* ( ) 표기는 베이지 색상으로 뜹니다.
* 부클사로 2곳 양쪽으로 걸어 뜹니다.
* 40단의 경우 겉뜨기 31코를 뜨고 부클사에 베이지색 실을 연결해 안뜨기를 10코 뜬 다음. 다시 새로운 부클사를 연결해서 겉뜨기 31코를 뜹니다.
* 부클사와 베이지색 실이 만날 때 실을 X자로 교차해서 뜨면 편물이 벌어지지 않습니다.

Row 40 : 겉뜨기 31코, (안뜨기 10코), 겉뜨기 31코를 뜹니다.
Row 41 : 안뜨기 29코, (겉뜨기 14코), 안뜨기 29코를 뜹니다.
Row 42 : 겉뜨기 28코, (안뜨기 16코), 겉뜨기 28코를 뜹니다.
Row 43 : 안뜨기 27코, (겉뜨기 18코), 안뜨기 27코를 뜹니다.
Row 44 : 겉뜨기 26코, (안뜨기 20코), 겉뜨기 26코를 뜹니다.
Row 45 : 안뜨기 25코, (겉뜨기 22코), 안뜨기 25코를 뜹니다.
Row 46 : 겉뜨기 24코, (안뜨기 24코), 겉뜨기 24코를 뜹니다.
Row 47 : 안뜨기 24코, (겉뜨기 24코), 안뜨기 24코를 뜹니다.
Row 48 : 겉뜨기 24코, (안뜨기 24코), 겉뜨기 24코를 뜹니다.
Row 49 : 안뜨기 24코, (겉뜨기 24코), 안뜨기 24코를 뜹니다.
Row 50 : 겉뜨기 24코, (안뜨기 24코), 겉뜨기 24코를 뜹니다.
Row 51 : 안뜨기 24코, (겉뜨기 24코), 안뜨기 24코를 뜹니다.
Row 52 : 겉뜨기 24코, (안뜨기 24코), 겉뜨기 24코를 뜹니다.
Row 53 : 안뜨기 24코, (겉뜨기 24코), 안뜨기 24코를 뜹니다.
Row 54 : 겉뜨기 18코, (왼코 겹쳐 2코 모아뜨기)×3번, 겉뜨기 1코, (안뜨기 22코), 겉뜨기 1코, (왼코 겹쳐 2코 모아뜨기)×3번, 겉뜨기 18코를 뜹니다. (66코)
Row 55 : 안뜨기 23코, (겉뜨기 20코), 안뜨기 23코를 뜹니다.
Row 56 : 겉뜨기 24코, (안뜨기 18코), 겉뜨기 24코를 뜹니다.
Row 57 : 안뜨기 25코, (겉뜨기 16코), 안뜨기 25코를 뜹니다.
Row 58 : 겉뜨기 16코, (왼코 겹쳐 2코 모아뜨기)×3번, 겉뜨기 4코, (안뜨기 14코), 겉뜨기 4코, (2코 모아뜨기)×3번, 겉뜨기 16코를 뜹니다. (60코)
Row 59 : 안뜨기 24코, (겉뜨기 12코), 안뜨기 24코를 뜹니다.
Row 60 : 겉뜨기 26코, (안뜨기 8코), 겉뜨기 26코를 뜹니다.
Row 61 : 안뜨기 1단을 뜹니다.

Row 62 : 겉뜨기 14코, (왼코 겹쳐 2코 모아뜨기)×3번, 겉뜨기 20코, (왼코 겹쳐 2코 모아뜨기)×3번, 겉뜨기 14코를 뜹니다. (54코)
Row 63~65 : 안뜨기로 시작해서 메리야스뜨기 3단을 뜹니다.
Row 66 : 겉뜨기 12코, (왼코 겹쳐 2코 모아뜨기)×3번, 겉뜨기 18코, (왼코 겹쳐 2코 모아뜨기)×3번, 겉뜨기 12코를 뜹니다. (48코)
Row 67 : 안뜨기 1단을 뜹니다.
Row 68 : 겉뜨기 10코, (왼코 겹쳐 2코 모아뜨기)×3번, 겉뜨기 16코, (왼코 겹쳐 2코 모아뜨기)×3번, 겉뜨기 10코를 뜹니다. (42코)
Row 69 : 안뜨기 1단을 뜹니다.
Row 70 : 겉뜨기 8코, (왼코 겹쳐 2코 모아뜨기)×3번, 겉뜨기 14코, (왼코 겹쳐 2코 모아뜨기)×3번, 겉뜨기 8코를 뜹니다. (36코)
Row 71 : 안뜨기 1단을 뜹니다.
Row 72 : 겉뜨기 1코, (겉뜨기 2코, 왼코 겹쳐 2코 모아뜨기)×8번, 겉뜨기 3코를 뜹니다. (28코)
Row 73 : 안뜨기 1단을 뜹니다.
Row 74 : (겉뜨기 1코, 왼코 겹쳐 2코 모아뜨기)×9번, 겉뜨기 1코를 뜹니다. (19코)
Row 75 : 안뜨기 1단을 뜹니다.
Row 76 : (왼코 겹쳐 2코 모아뜨기)×9번, 겉뜨기 1코를 뜹니다. (10코)

* 돗바늘에 코를 옮겨 조여줍니다.

● 귀 (2개) 겉과 안 각각 2개씩

[겉 2개]

✷ 아이보리색 실로 바늘에 11코를 만들어줍니다.

Row 1~8 : 겉뜨기로 시작해서 메리야스뜨기로 8단을 뜹니다.

Row 9 : 오른코 겹쳐 2코 모아뜨기, 겉뜨기 7코, 왼코 겹쳐 2코 모아뜨기로 뜹니다. (9코)

Row 10~12 : 안뜨기로 시작해서 메리야스뜨기로 3단을 뜹니다.

Row 13 : 오른코 겹쳐 2코 모아뜨기, 겉뜨기 5코, 왼코 겹쳐 2코 모아뜨기로 뜹니다. (7코)

Row 14 : 안뜨기 1단을 뜹니다.

Row 15 : 오른코 겹쳐 2코 모아뜨기, 겉뜨기 3코, 왼코 겹쳐 2코 모아뜨기로 뜹니다. (5코)

Row 16 : 안뜨기 1단을 뜹니다.

Row 17 : 오른코 겹쳐 2코 모아뜨기, 겉뜨기 1코, 왼코 겹쳐 2코 모아뜨기로 뜹니다. (3코)

✷ 돗바늘에 코를 옮겨 조여줍니다.

[안 2개]

✷ 핑크색 실로 바늘에 11코를 만들어줍니다.

Row 1~8 : 겉뜨기로 시작해서 메리야스뜨기로 8단을 뜹니다.

Row 9 : 오른코 겹쳐 2코 모아뜨기, 겉뜨기 7코, 왼코 겹쳐 2코 모아뜨기로 뜹니다. (9코)

Row 10~12 : 안뜨기로 시작해서 메리야스뜨기 3단을 뜹니다.

Row 13 : 오른코 겹쳐 2코 모아뜨기, 겉뜨기 5코, 왼코 겹쳐 2코 모아뜨기로 뜹니다. (7코)

Row 14 : 안뜨기 1단을 뜹니다.

Row 15 : 오른코 겹쳐 2코 모아뜨기, 겉뜨기 3코, 왼코 겹쳐 2코 모아뜨기로 뜹니다. (5코)

Row 16 : 안뜨기 1단을 뜹니다.

Row 17 : 오른코 겹쳐 2코 모아뜨기, 겉뜨기 1코, 왼코 겹쳐 2코 모아뜨기로 뜹니다. (3코)

✷ 돗바늘에 코를 옮겨 조여줍니다.

● 팔 (2개)

✷ 베이지색 실로 바늘에 7코를 만들어줍니다.

Row 1 : 안뜨기 1단을 뜹니다.

Row 2 : 위의 7코를 모두 앞뒤 겉뜨기로 코 늘리기로 뜹니다. (14코)

Row 3~18 : 안뜨기로 시작해서 메리야스뜨기로 16단을 뜹니다.

Row 19 : (왼코 겹쳐 2코 모아 안뜨기)×7번을 뜹니다. (7코)

✷ 돗바늘에 코를 옮겨 조여줍니다.

● 리본 (1개)

✷ 라이트그린색 실로 바늘에 90코를 만들어줍니다.

✷ 겉뜨기로 코막음을 해줍니다.

✷ 인형의 목둘레에 알맞게 길이를 조정해줍니다.

● 꽃 (1개)

✷ 옐로우색 실로 바늘에 4코를 만들어줍니다.

Row 1 : 안뜨기로 1단을 뜹니다.

Row 2 : 앞뒤 겉뜨기로 코 늘리기 1번, 겉뜨기 3코를 뜹니다. (5코)

Row 3 : 앞뒤 안뜨기로 코 늘리기 1번, 안뜨기 4코를 뜹니다. (6코)

Row 4 : 앞뒤 겉뜨기로 코 늘리기 1번, 겉뜨기 5코를 뜹니다. (7코)

Row 5 : 앞뒤 안뜨기로 코 늘리기 1번, 안뜨기 6코를 뜹니다. (8코)

✷ Row 1~5까지의 과정으로 꽃잎 5개를 뜬 후 안전핀에 모두 옮겨놓습니다.

Row 6 : 5장의 꽃잎을 한 바늘에 옮겨가며 겉뜨기 1단을 뜹니다. (40코)

Row 7 : (왼코 겹쳐 2코 모아 안뜨기)×20번을 뜹니다. (20코)

Row 8 : (왼코 겹쳐 2코 모아뜨기)×10번을 뜹니다. (10코)

Row 9 : (왼코 겹쳐 2코 모아 안뜨기)×5번을 뜹니다. (5코)

✷ 돗바늘에 코를 옮겨 조여줍니다.

● 꼬리 (1개)

✷ 부클사 아이보리색 실로 바늘에 8코를 만들어줍니다.(꼬리는 편물의 뒷면을 겉으로 사용합니다.)

Row 1~5 : 겉뜨기로 시작해서 메리야스뜨기 5단을 뜹니다.

✷ 돗바늘에 코를 옮겨 조여줍니다.

도안

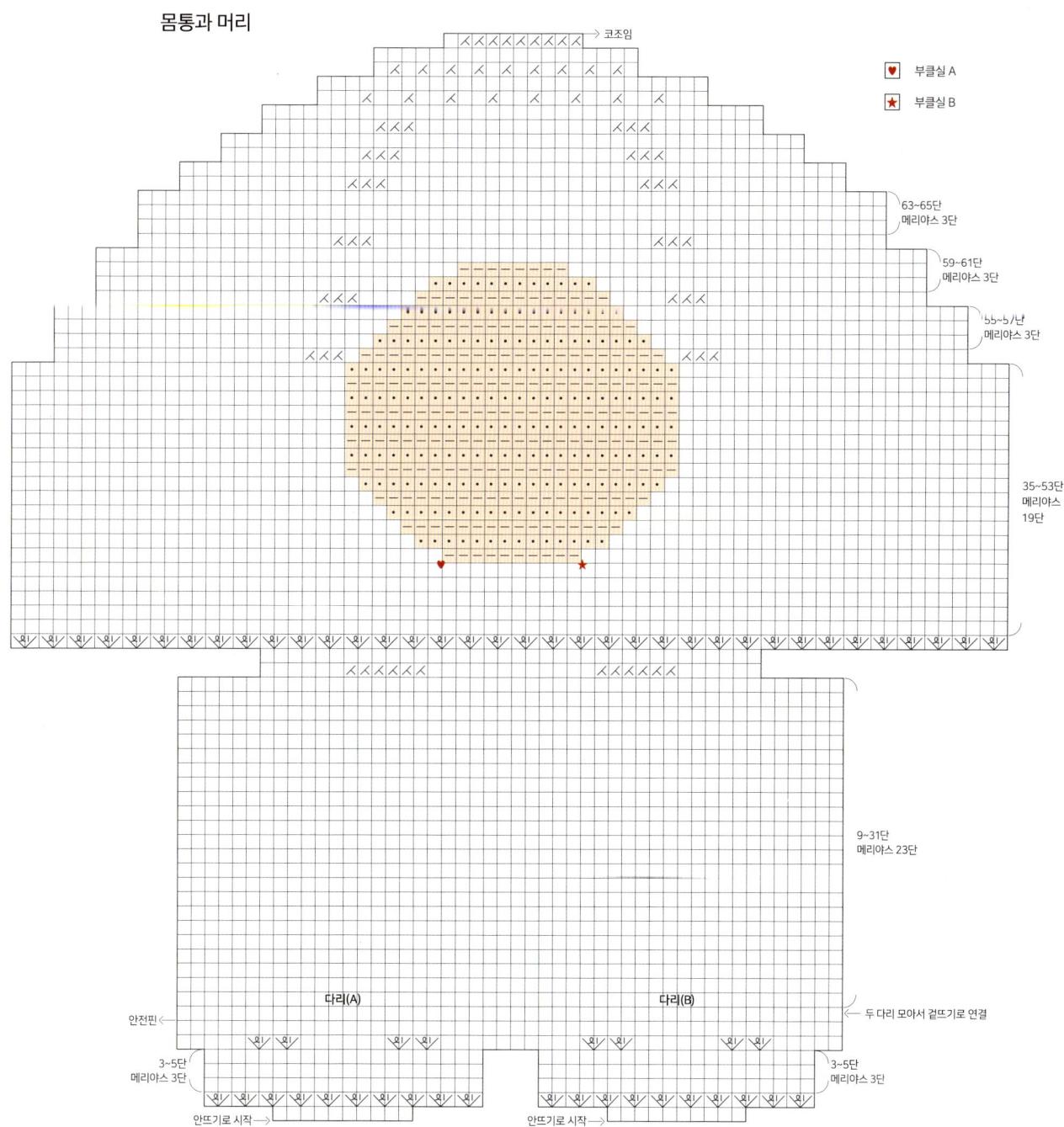

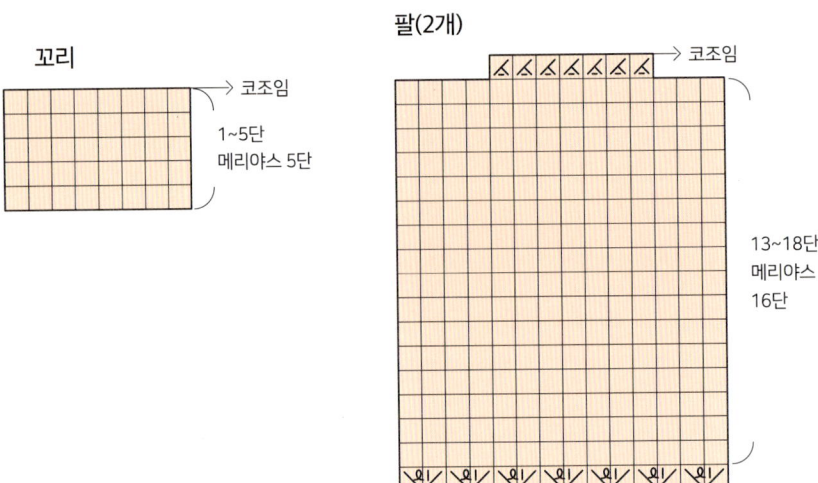

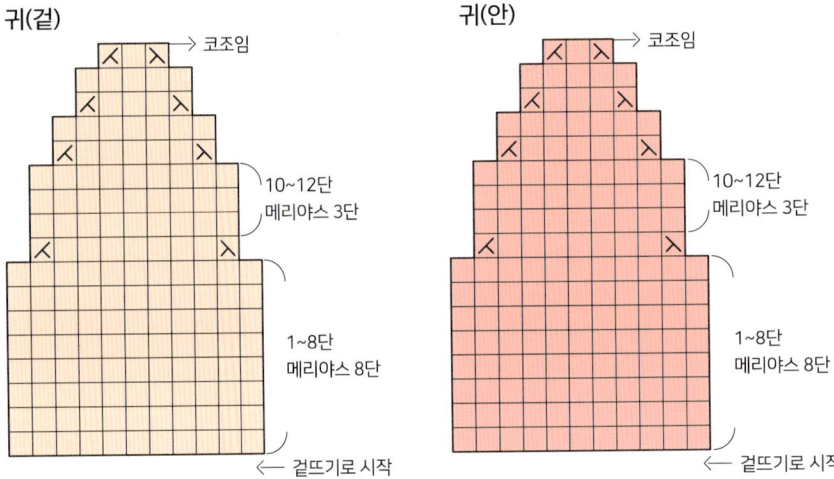

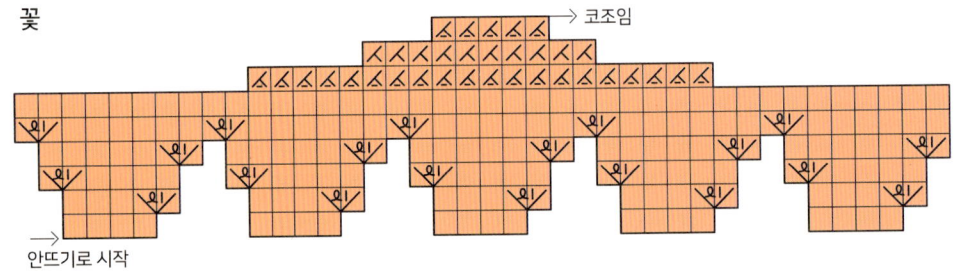

뜨는 방법 및 조립 과정

1. 아이보리색 부클사로 도안대로 뜹니다. 뜨면서 목이 조여지는 부분은 몸 색과 다른 색 실을 걸어 표시해줍니다.

tip. 인형 몸통 부분 바느질과 솜 넣는 방법은 '아기 곰 테디' 인형과 같습니다.

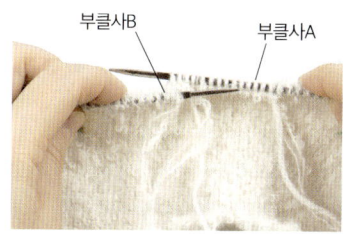

2. 양의 얼굴 부분을 뜰 때는 부클사A로 먼저 뜬 후 베이지색 실로 바꿔 뜨다가, 다시 새로운 부클사B로 연결해 뜹니다.

3. 겉뜨기 방향에서 본 완성된 편물입니다. 이 방향에서는 얼굴이 안뜨기 모양으로 떠질 수 있도록 합니다.

4. 양 인형은 편물의 뒷면을 겉으로 사용합니다. 편물을 뒤집어 밖에서 바느질합니다.

5. 편물을 안뜨기 방향에서 감침질로 다리부터 등까지 꿰매주고 머리에서 등까지 꿰매줍니다. 가운데 창구멍을 조금 남기고 솜을 넣어 다듬어가며 모양을 만들어줍니다.

6. 귀는 겉 방향 아이보리색 2장과, 안 방향 핑크 2장을 가지런하게 떠 놓습니다.

7. 아이보리색과 핑크색을 맞춰 메리야스 잇기로 바느질합니다.

8. 귀 한 쌍을 사진과 같이 바느질해 준비합니다.

9. 귀 양끝을 접어 단단하고 가지런하게 바느질로 고정합니다.

10. 팔을 한 쌍 떠 메리야스잇기로 꿰맨 후 적당히 솜을 채워 바느질로 마무리합니다.

11. 귀를 양쪽 대칭으로 균형을 맞춰 시침핀으로 고정한 후 메리야스잇기로 달아줍니다.

12. 몸의 옆면 가운데로 위치를 잘 맞춰 시침핀으로 고정한 후 팔을 달아줍니다.

13. 얼굴의 중심을 표시하고 입체적인 얼굴의 표현을 위해서 양쪽 눈의 위치에 홀을 잡아줍니다.

14. 꽃잎을 옐로우색 실로 도안대로 뜹니다.

15. 꽃잎을 하나의 바늘에 연결해 마지막 단까지 뜬 후 코를 돗바늘에 옮기고 실을 당깁니다.

16. 연두색 리본을 뜬 후 꽃과 단추장식을 달아 양의 목에 둘러줍니다. 오렌지색 실로 코를 수놓아줍니다.

17. 홀을 잡아 놓은 곳에 눈을 달아줍니다.

18. 핑크색 패브릭잉크를 볼에 묻혀 핑크빛 뺨을 표현합니다.

19. 부클사로 꼬리를 떠 메리야스잇기로 꿰매줍니다.

20. 양 엉덩이 부분에 꼬리를 달아줍니다.

≈ 05 ≈
아기 토끼 바니

실과 도구

- 눈 7mm 인형 눈 1쌍
- 주둥이, 귀 안 ROWAN / pure wool dk #012 snow
- 몸통, 팔, 다리, 머리, 귀 겉 ROWAN / cashmere tweed #11 petal
- 코 브라운색 자수실
- 볼터치 핑크색 패브릭잉크
- 망토 Jamieson&Smith / FC9MIX purple

인형 사이즈 약 16cm
바늘 2.5mm

* 그 외
레드, 라이트그린색 울사 조금씩

사용되는 뜨개법

겉뜨기 (k)

안뜨기 (p)

왼코 겹쳐 2코 모아뜨기 (k2tog)

왼코 겹쳐 2코 모아 안뜨기 (p2tog)

오른코 겹쳐 2코 모아뜨기 (skpo)

오른코 겹쳐 3코 모아뜨기 (sk2po)

앞뒤 겉뜨기로 코 늘리기 (inc, kfb)

메리야스뜨기 (st-st)

고무뜨기 (rib stitch)

코막음 (cast off)

패턴

● **다리 (2개)**

✲ 핑크색 실로 바늘에 10코를 만들어줍니다.

Row 1 : 안뜨기로 1단을 뜹니다.

Row 2 : 위의 10코를 모두 앞뒤 겉뜨기로 코 늘리기로 뜹니다. (20코)

Row 3~5 : 안뜨기로 시작해서 메리야스뜨기로 3단을 뜹니다.

Row 6 : 겉뜨기 5코, 앞뒤 겉뜨기로 코 늘리기 2번, 겉뜨기 6코, 앞뒤 겉뜨기로 코 늘리기 2번, 겉뜨기 5코를 뜹니다. (24코)

Row 7 : 안뜨기로 1단을 뜹니다.

✲ 다리 하나는 가위로 실을 자르고 안전핀에 걸어둡니다.

● **몸통과 머리**

Row 8 : 두 번째 뜬 다리와 안전핀에 걸려 있는 다리를 모아서 겉뜨기 한 줄을 뜹니다. (48코)

Row 9~31 : 안뜨기로 시작해서 메리야스뜨기 23단을 뜹니다.

Row 32 : 겉뜨기 6코, (왼코 겹쳐 2코 모아뜨기)×6번, 겉뜨기 12코, (왼코 겹쳐 2코 모아뜨기)×6번, 겉뜨기 6코를 뜹니다. (36코)

Row 33 : 안뜨기 1단을 뜹니다.

Row 34 : 위의 36코를 모두 앞뒤 겉뜨기로 코 늘리기로 뜹니다. (72코)

Row 35~53 : 안뜨기로 시작해서 메리야스뜨기 19단을 뜹니다.

Row 54 : 겉뜨기 18코, (왼코 겹쳐 2코 모아뜨기)×3번, 겉뜨기 24코, (왼코 겹쳐 2코 모아뜨기)×3번, 겉뜨기 18코를 뜹니다. (66코)

Row 55~57 : 안뜨기로 시작해서 메리야스뜨기 3단을 뜹니다.

Row 58 : 겉뜨기 16코, (왼코 겹쳐 2코 모아뜨기)×3번, 겉뜨기 22코, (왼코 겹쳐 2코 모아뜨기)×3번, 겉뜨기 16코를 뜹니다. (60코)

Row 59~61 : 안뜨기로 시작해서 메리야스뜨기 3단을 뜹니다.

Row 62 : 겉뜨기 14코, (왼코 겹쳐 2코 모아뜨기)×3번, 겉뜨기 20코, (왼코 겹쳐 2코 모아뜨기)×3번, 겉뜨기 14코를 뜹니다. (54코)

Row 63~65 : 안뜨기로 시작해서 메리야스뜨기 3단을 뜹니다.

Row 66 : 겉뜨기 12코, (왼코 겹쳐 2코 모아뜨기)×3번, 겉뜨기 18코, (왼코 겹쳐 2코 모아뜨기)×3번, 겉뜨기 12코를 뜹니다. (48코)

Row 67 : 안뜨기 1단을 뜹니다.

Row 68 : 겉뜨기 10코, (왼코 겹쳐 2코 모아뜨기)×3번, 겉뜨기 16코, (왼코 겹쳐 2코 모아뜨기)×3번, 겉뜨기 10코를 뜹니다. (42코)

Row 69 : 안뜨기 1단을 뜹니다.

Row 70 : 겉뜨기 8코, (왼코 겹쳐 2코 모아뜨기)×3번, 겉뜨기 14코, (왼코 겹쳐 2코 모아뜨기)×3번, 겉뜨기 8코를 뜹니다. (36코)

Row 71 : 안뜨기 1단을 뜹니다.

Row 72 : 겉뜨기 1코, (겉뜨기 2코, 왼코 겹쳐 2코 모아뜨기)×8번, 겉뜨기 3코를 뜹니다. (28코)

Row 73 : 안뜨기 1단을 뜹니다.

Row 74 : (겉뜨기 1코, 왼코 겹쳐 2코 모아뜨기)×9번, 겉뜨기 1코를 뜹니다. (19코)

Row 75 : 안뜨기 1단을 뜹니다.

Row 76 : (왼코 겹쳐 2코 모아뜨기)×9번, 겉뜨기 1코를 뜹니다. (10코)

✲ 돗바늘에 코를 옮겨 조여줍니다.

● 귀 (겉과 안 각각 2개씩)

[겉 2개]

* 핑크색 실로 바늘에 10코를 만들어줍니다.

Row 1~18 : 겉뜨기로 시작해서 메리야스뜨기로 18단을 뜹니다.

Row 19 : 오른코 겹쳐 2코 모아뜨기, 겉뜨기 6코, 왼코 겹쳐 2코 모아뜨기를 뜹니다. (8코)

Row 20 : 안뜨기 1단을 뜹니다.

Row 21 : 오른코 겹쳐 2코 모아뜨기, 겉뜨기 4코, 왼코 겹쳐 2코 모아뜨기를 뜹니다. (6코)

Row 22 : 왼코 겹쳐 2코 모아 안뜨기, 안뜨기2코, 오른코 겹쳐 2코 모아 안뜨기를 뜹니다. (4코)

* 겉뜨기로 코막음을 해줍니다.

[안 2개]

* 화이트색 실로 바늘에 9코를 만들어줍니다.

Row 1~18 : 겉뜨기로 시작해서 메리야스뜨기로 18단을 뜹니다.

Row 19 : 오른코 겹쳐 2코 모아뜨기, 겉뜨기 5코, 왼코 겹쳐 2코 모아뜨기를 뜹니다. (7코)

Row 20 : 안뜨기 1단을 뜹니다.

Row 21 : 오른코 겹쳐 2코 모아뜨기, 겉뜨기 3코, 왼코 겹쳐 2코 모아뜨기를 뜹니다. (5코)

Row 22 : 왼코 겹쳐 2코 모아 안뜨기, 안뜨기 1코, 오른코 겹쳐 2코 모아 안뜨기를 뜹니다. (3코)

* 겉뜨기로 코막음을 해줍니다.

● 팔 (2개)

* 핑크색 실로 바늘에 7코를 만들어줍니다.

Row 1 : 안뜨기 1단을 뜹니다.

Row 2 : 위의 7코를 모두 앞뒤 겉뜨기로 코 늘리기로 뜹니다. (14코)

Row 3~18 : 안뜨기로 시작해서 메리야스뜨기로 16단을 뜹니다.

Row 19 : (왼코 겹쳐 2코 모아 안뜨기)×7번을 뜹니다. (7코)

* 돗바늘에 코를 옮겨 조여줍니다.

● 주둥이 (1개)

* 화이트색 실로 바늘에 36코를 만들어줍니다.

Row 1~3 : 안뜨기로 시작해서 메리야스뜨기 3단을 뜹니다.

Row 4 : (왼코 겹쳐 2코 모아뜨기)×18번을 뜹니다. (18코)

Row 5 : 안뜨기로 1단을 뜹니다.

Row 6 : (왼코 겹쳐 2코 모아뜨기)×9번을 뜹니다. (9코)

* 돗바늘에 코를 옮겨 조여줍니다.

● 망토 (1개)

* 퍼플색 실로 바늘에 94코를 만들어줍니다.

Row 1 : (겉뜨기 2코, 안뜨기 2코)×23번, 겉뜨기 2코를 뜹니다.

Row 2 : 안뜨기 2코, (겉뜨기 2코, 안뜨기 2코)×23번을 뜹니다.

Row 3 : (겉뜨기 2코, 안뜨기 2코)×23번, 겉뜨기 2코를 뜹니다.

Row 4 : (왼코 겹쳐 2코 모아 안뜨기)×47번을 뜹니다. (47코)

* 겉뜨기로 코막음을 해줍니다.

● 앵두 (2개)

* 레드색 실로 바늘에 10코를 만들어줍니다.

Row 1~6 : 안뜨기로 시작해서 메리야스뜨기 6단을 뜹니다.

* 돗바늘에 코를 옮겨 조여줍니다.

● 잎 (2개)

* 라이트그린색 실로 바늘에 3코를 만들어줍니다.

Row 1 : 안뜨기로 1단을 뜹니다.

Row 2 : 앞뒤 겉뜨기로 코 늘리기 1번, 겉뜨기 1코, 앞뒤 겉뜨기로 코 늘리기 1번을 뜹니다. (5코)

Row 3~5 : 안뜨기로 시작해서 메리야스뜨기 3단을 뜹니다.

Row 6 : 오른코 겹쳐 2코 모아뜨기, 겉뜨기 1코, 왼코 겹쳐 2코 모아뜨기를 뜹니다. (3코)

Row 7 : 안뜨기 1단을 뜹니다.

Row 8 : 오른코 겹쳐 3코 모아뜨기를 합니다.

* 돗바늘에 코를 옮겨 조여줍니다.

● 꼬리 (1개)

1. 화이트 실을 감아 폼폼을 만들어줍니다.
2. 폼폼을 예쁘게 다듬어줍니다.
3. 토끼 엉덩이에 예쁘게 달아줍니다.

도안

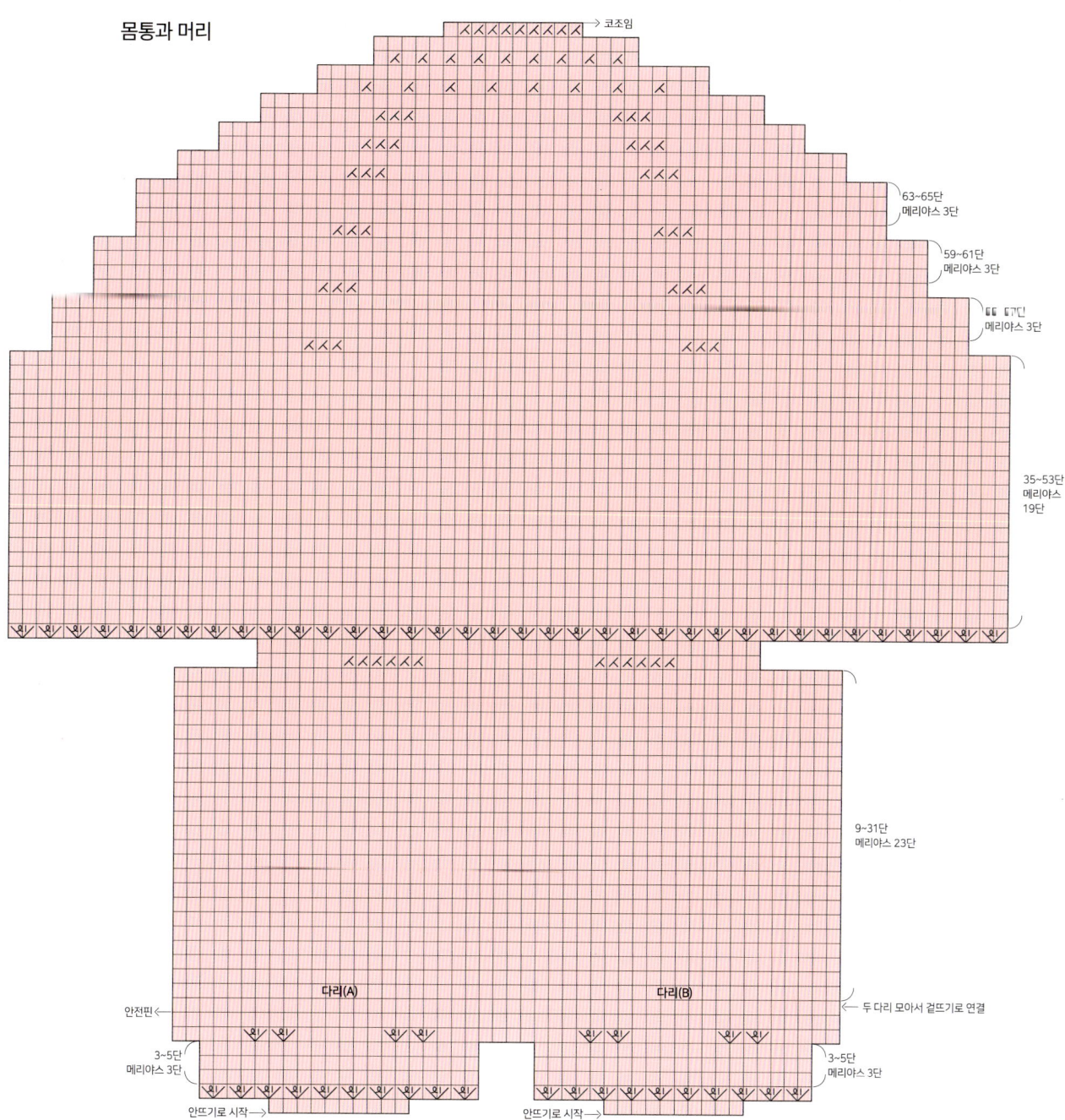

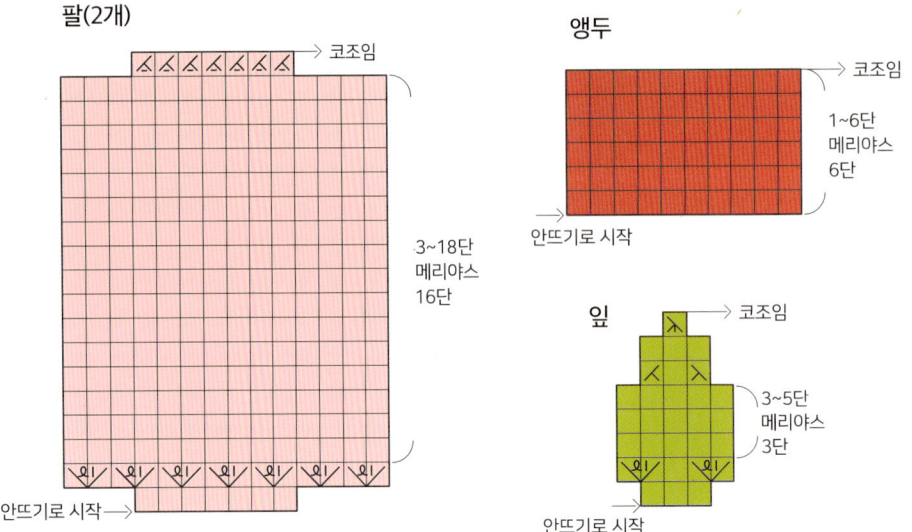
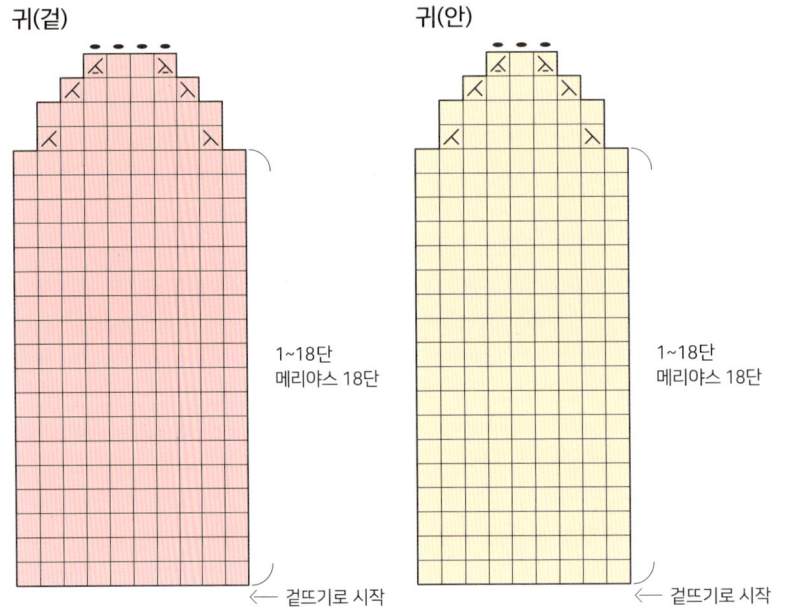
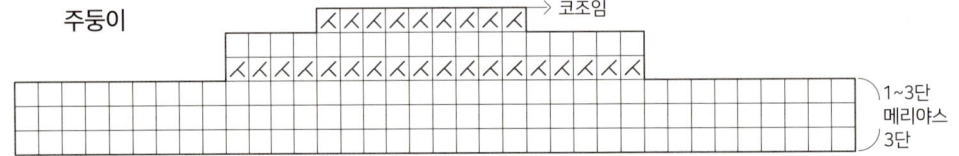

뜨는 방법 및 조립 과정

1. 팔을 떠 메리야스잇기로 꿰맨 후 솜을 넣어줍니다.

tip. 인형 몸통 부분 바느질과 솜 넣는 방법은 '아기 곰 테디' 인형과 같습니다.

2. 솜을 넣은 토끼의 몸에 위치를 잘 정해 팔을 달아줍니다.

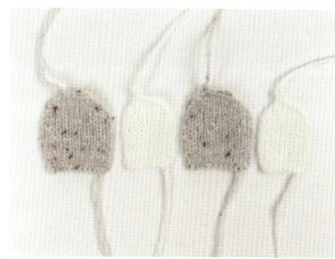

3. 앞장, 뒷장 총 2쌍의 귀를 떠 줍니다.

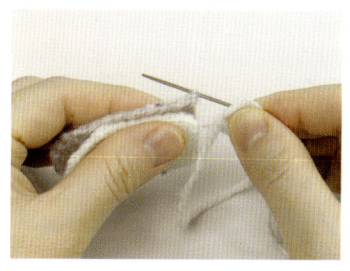

4. 핑크색은 바깥쪽으로, 흰색은 안쪽으로 꿰매줍니다.

5. 메리야스잇기로 처음부터 끝까지 가지런하게 꿰매줍니다.

6. 사진과 같은 모양으로 바느질합니다.

7. 토끼 귀를 아랫부분만 접어 감침질로 단단하게 바느질해줍니다.

8. 알맞은 위치를 찾아 귀와 주둥이를 시침핀으로 고정합니다.

9. 시침핀으로 고정한 위치를 따라 메리야스잇기로 촘촘하게 귀를 꿰매줍니다.

10. 토끼의 목에 달아줄 망토를 떠 줍니다.

11. 주둥이 부분의 굴곡진 모양을 메리야스잇기로 가지런하게 꿰맵니다.

12. 주둥이를 꿰맨 후에는 입체감이 잘 표현될 수 있도록 바느질합니다.

13. 입체감 있는 눈 표현을 위해 눈이 달릴 자리에 실로 한 땀씩 떠 양쪽을 알맞게 당겨줍니다.

14. 눈을 달아줍니다.

15. 토끼 망토에 달 장식 앵두를 뜬 후 메리야스잇기로 바느질합니다.

16. 솜을 넣어 모양을 만든 뒤 마지막 단은 한 코 건너 감침질을 한 후 당겨줍니다.

17. 앵두와 잎을 사진과 같이 만들어 준비합니다.

18. 케이프 한가운데에 장식으로 만든 앵두를 달아줍니다.

19. 눈과 주둥이를 모두 달아준 후 갈색 자수실로 코와 입을 표현해줍니다.

20. 폼폼방울을 만드는 도구로 하얀색 폼폼방울을 만들어 가위로 동그랗게 다듬어 놓습니다.

21. 만들어둔 폼폼방울을 토끼 엉덩이에 붙여줍니다.

Lesson 05

옥토끼의 따뜻한 인형들

01 소녀곰 코니

실과 도구

얼굴, 귀, 손, 다리
GGH / CUMBA #002 beige

코 브라운색 울 자수실

몸
GGH / woolly wasch 81 yellow

양말 PHILDAR / superbaby #25 white

다리
KPC Yarn / Glencoul dk honey, rainforest

리본 Jamieson&Smith / #91 yellow

눈 6mm 인형 눈 1쌍

옷깃 super baby #25 white

팔 KPC Yarn / Glencoul dk sherbert

치마
KPC Yarn / Denim cotton dark denim
KPC Yarn / Glencoul dk pear drop, honey, chartreuse

인형 사이즈 약 23cm
바늘 2.5mm

* 그 외
장식단추 2개

사용되는 뜨개법

겉뜨기 (k)

안뜨기 (p)

왼코 겹쳐 2코 모아뜨기 (k2tog)

왼코 겹쳐 2코 모아 안뜨기 (p2tog)

앞뒤 겉뜨기로 코 늘리기 (inc, kfb)

메리야스뜨기 (st-st)

가터뜨기 (g-st)

오른코 겹쳐 2코 모아뜨기 (skpo)

바늘비우기 (yo)

코막음 (cast off)

패 턴

● **오른쪽 다리 (1개)**

＊ 허니색 실로 바늘에 17코를 만들어줍니다.

Row 1 : 안뜨기 1단을 뜹니다.

Row 2 : 앞뒤 겉뜨기로 코 늘리기 16번, 겉뜨기 1코를 뜹니다. (33코)

Row 3~4 : 안뜨기 2단을 뜹니다.

Row 5 : 겉뜨기 1단을 뜹니다.

Row 6~13 : 레인포레스트색 실로 바꿔 겉뜨기로 시작해서 메리야스뜨기로 8단을 뜹니다.

Row 14 : 겉뜨기 4코, (왼코 겹쳐 2코 모아뜨기)×9번, 겉뜨기 11코를 뜹니다. (24코)

Row 15 : 겉뜨기로 1단을 뜹니다.

＊ 화이트색으로 실을 바꿔줍니다.

Row 16~17 : 겉뜨기로 시작해서 메리야스뜨기로 2단을 뜹니다.

Row 18 : 겉뜨기 4코, (왼코 겹쳐 2코 모아뜨기)×5번, 겉뜨기 10코를 뜹니다. (19코)

Row 19~23 : 안뜨기로 시작해서 메리야스뜨기로 5단을 뜹니다.

Row 24~43 : 베이지색으로 실을 바꿔 겉뜨기로 시작해서 메리야스뜨기로 20단을 뜹니다.

＊ 다리 하나는 실을 자르고 안전핀에 걸어둡니다.

● 왼쪽 다리 (1개)

* 허니색 실로 바늘에 17코를 만들어줍니다.

Row 1 : 안뜨기 1단을 뜹니다.

Row 2 : 겉뜨기 1코, 앞뒤 겉뜨기로 코 늘리기로 16번을 뜹니다. (33코)

Row 3~4 : 안뜨기로 2단을 뜹니다.

Row 5 : 겉뜨기로 1단을 뜹니다.

Row 6~13 : 레인포레스트색 실로 바꿔 겉뜨기로 시작해서 메리야스뜨기로 8단을 뜹니다.

Row 14 : 겉뜨기 11코, (왼코 겹쳐 2코 모아뜨기)×9번, 겉뜨기 4코를 뜹니다. (24코)

Row 15 : 겉뜨기로 1단을 뜹니다.

* 화이트색으로 실을 바꿔줍니다.

Row 16~17 : 겉뜨기로 시작해서 메리야스뜨기로 2단을 뜹니다.

Row 18 : 겉뜨기 10코, (왼코 겹쳐 2코 모아뜨기)×5번, 겉뜨기 4코를 뜹니다. (19코)

Row 19~23 : 안뜨기로 시작해서 메리야스뜨기로 5단을 뜹니다.

Row 24~43 : 스킨색 실로 바꿔 겉뜨기로 시작해서 메리야스뜨기 20단을 뜹니다.

● 몸통과 머리

Row 44 : 두 개의 다리를 신발의 앞 코를 마주보도록 놓고 하나의 바늘에 겉뜨기로 뜨면서 연결합니다. (38코)

Row 45 : 안뜨기로 1단을 뜹니다.

* 엘로우색으로 실을 새로 연결합니다.

Row 46~61 : 겉뜨기로 시작해서 메리야스뜨기 16단을 뜹니다.

Row 62 : 겉뜨기 8코, 오른코 겹쳐 2코 모아뜨기, 왼코 겹쳐 2코 모아뜨기, 겉뜨기 14코, 오른코 겹쳐 2코 모아뜨기, 왼코 겹쳐 2코 모아뜨기, 겉뜨기 8코를 뜹니다. (34코)

Row 63~65 : 안뜨기로 시작해서 메리야스뜨기로 3단을 뜹니다.

Row 66 : 겉뜨기 7코, 오른코 겹쳐 2코 모아뜨기, 왼코 겹쳐 2코 모아뜨기, 겉뜨기 12코, 오른코 겹쳐 2코 모아뜨기, 왼코 겹쳐 2코 모아뜨기, 겉뜨기 7코를 뜹니다. (30코)

Row 67~69 : 안뜨기로 시작해서 메리야스뜨기로 3단을 뜹니다.

* 베이지색으로 실을 새로 연결합니다.

Row 70~71 : 겉뜨기로 시작해서 메리야스뜨기 2단을 뜹니다.

Row 72 : 모든 코를 앞뒤 겉뜨기로 코 늘리기로 뜹니다. (60코)

Row 73~97 : 안뜨기로 시작해서 메리야스뜨기로 25단을 뜹니다.

Row 98 : 겉뜨기 1코, 왼코 겹쳐 2코 모아뜨기, (겉뜨기 2코, 왼코 겹쳐 2코 모아뜨기)×14번, 겉뜨기 1코를 뜹니다. (45코)

Row 99 : 안뜨기로 1단을 뜹니다.

Row 100 : (겉뜨기 1코, 왼코 겹쳐 2코 모아뜨기)×15번을 뜹니다. (30코)

Row 101 : 안뜨기로 1단을 뜹니다.

Row 102 : (왼코 겹쳐 2코 모아뜨기)×15번을 뜹니다. (15코)

* 돗바늘에 코를 옮겨 조여줍니다.

● 귀 (4개)

✱ 베이지색 실로 바늘에 8코를 만들어줍니다.

Row 1~2 : 겉뜨기로 시작해서 메리야스뜨기로 2단을 뜹니다.

Row 3 : 겉뜨기로 1단을 뜨는데, 첫 코와 마지막 코는 앞뒤 겉뜨기로 코 늘리기를 해 뜹니다. (10코)

Row 4~6 : 안뜨기로 시작해서 메리야스뜨기로 3단을 뜹니다.

Row 7 : 오른코 겹쳐 2코 모아뜨기, 겉뜨기 6코, 왼코 겹쳐 2코 모아뜨기로 뜹니다. (8코)

Row 8 : 안뜨기로 1단을 뜹니다.

✱ 겉뜨기로 코막음을 해줍니다.

● 팔 (2개)

✱ 베이지색 실로 바늘에 7코를 만들어줍니다.

Row 1 : 안뜨기 1단을 뜹니다.

Row 2 : 모든 코를 앞뒤 겉뜨기로 코 늘리기를 해 뜹니다. (14코)

Row 3~7 : 안뜨기로 시작해서 메리야스뜨기로 5단을 뜹니다.

✱ 다크데님색으로 실을 새로 연결합니다.

Row 8~9 : 가터뜨기로 2단을 뜹니다.

✱ 핑크색으로 실을 새로 연결합니다.

Row 10~26 : 겉뜨기로 시작해서 메리야스뜨기로 17단을 뜹니다.

Row 27 : (왼코 겹쳐 2코 모아 안뜨기)×7번을 뜹니다. (7코)

✱ 돗바늘에 코를 옮겨 조여줍니다.

● 드레스 (앞뒤 2개)

✱ 다크데님색 실로 바늘에 40코를 만들어줍니다.

Row 1~3 : 가터뜨기로 3단을 뜹니다.

Row 4~22 : 안뜨기로 시작해서 그림 도안을 보고 무늬를 배색해가며 메리야스뜨기로 19단을 뜹니다.

Row 23~24 : 겉뜨기로 시작해서 메리야스뜨기로 2단 뜨는데, 매 단 첫 코는 코를 막고 뜹니다. (38코)

Row 25 : 다크데님색 실로 바꿔서 (왼코 겹쳐 2코 모아뜨기)×19번을 뜹니다. (19코)

Row 26 : 겉뜨기 1단을 뜹니다.

Row 27 : 안뜨기 3코(다크데님A), 겉뜨기 13코(허니), 안뜨기 3코(다크데님B)를 뜹니다.

tip. 다크데님색 실로 뜰 때는 양쪽 실을 따로따로 연결해서 뜹니다.

Row 28 : 겉뜨기 3코, 안뜨기 13코, 겉뜨기 3코를 뜹니다.

Row 29 : 안뜨기 3코, 겉뜨기 13코, 안뜨기 3코를 뜹니다.

Row 30 : 겉뜨기 3코, 안뜨기 13코, 겉뜨기 3코를 뜹니다.

Row 31 : 안뜨기 3코, 겉뜨기 13코, 안뜨기 3코를 뜹니다.

Row 32 : 겉뜨기 3코, 안뜨기 13코, 겉뜨기 3코를 뜹니다.

Row 33 : 안뜨기 3코, 겉뜨기 13코, 안뜨기 3코를 뜹니다.

Row 34 : 겉뜨기 3코, 안뜨기 13코, 겉뜨기 3코를 뜹니다.

Row 35 : 안뜨기 3코, 겉뜨기 13코, 안뜨기 3코를 뜹니다.

Row 36 : 겉뜨기 3코, 안뜨기 13코, 겉뜨기 3코를 뜹니다.

Row 37 : 안뜨기 3코, 겉뜨기 13코, 안뜨기 3코를 뜹니다.

✱ 각각의 색으로 코막음을 해줍니다.

● 옷깃 (1개)

* 화이트색 실로 바늘에 24코를 만들어줍니다.

Row 1 : 겉뜨기 1단을 뜹니다.

Row 2 : 안뜨기 1단을 뜹니다.

Row 3 : (왼코 겹쳐 2코 모아뜨기)×6번을 뜨는데, 한 코씩 뜰 때마다 코막음을 반복해 6번을 뜹니다. 실을 앞으로 가져와 한 바퀴 돌려 감아주고 다시 (왼코 겹쳐 2코 모아뜨기)×6번을 뜨면서 코막음으로 마무리합니다.

● 양말 프릴 (2개)

* 화이트색 실로 바늘에 42코를 만들어줍니다.

Row 1 : 겉뜨기 2코, (바늘비우기, 왼코 겹쳐 2코 모아뜨기)× 19번, 겉뜨기 2코를 뜹니다. (42코)

Row 2 : 안뜨기 1단을 뜹니다.

Row 3 : (왼코 겹쳐 2코 모아뜨기)×21번을 뜹니다.

* 마무리로 코막음을 해줍니다.

● 리본

* 옐로우색 실로 바늘에 3코를 만들어줍니다.

Row 1~20 : 겉뜨기로 시작해 메리야스뜨기로 20단을 뜹니다.

* 겉뜨기로 코막음을 해줍니다.

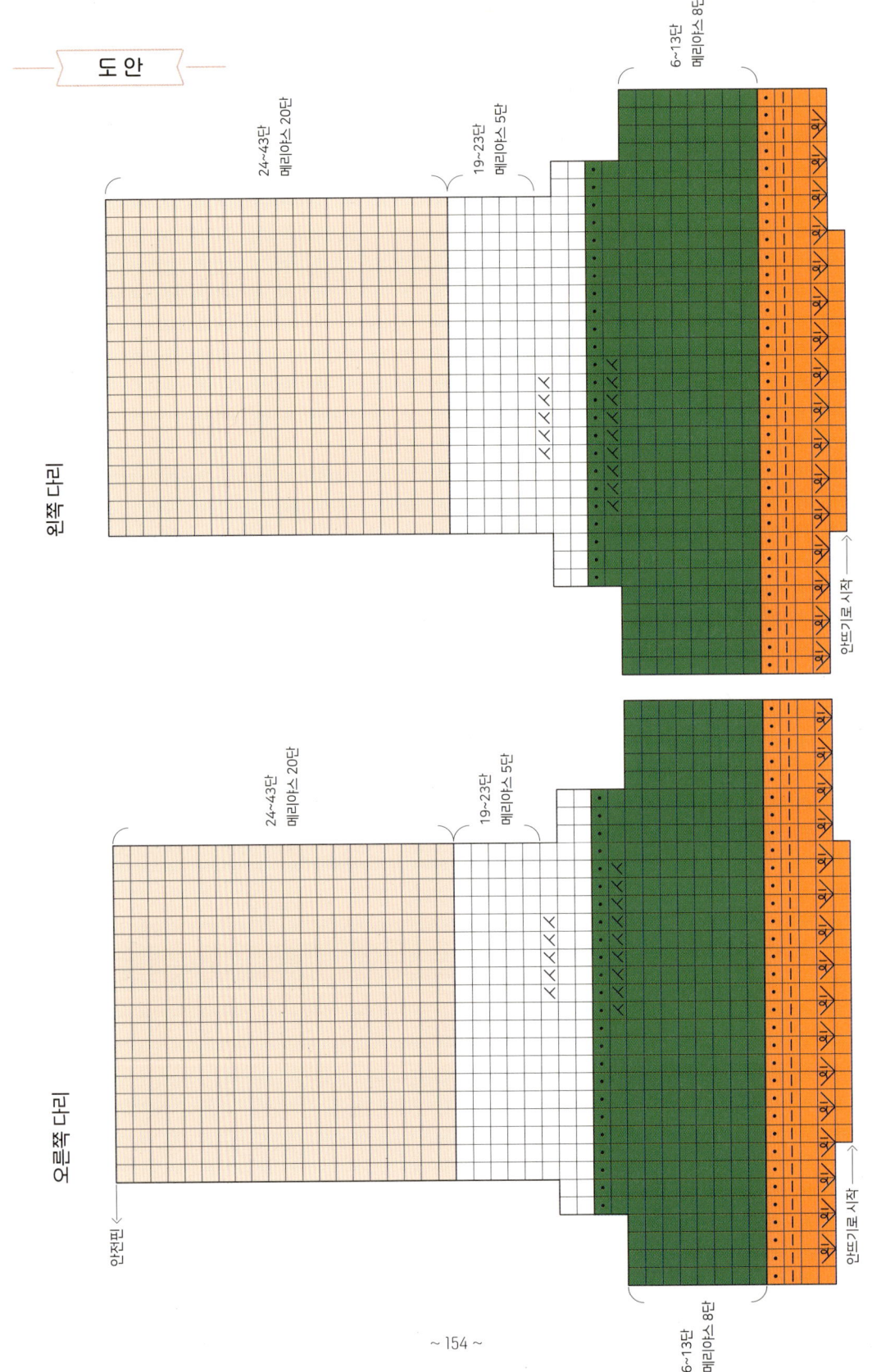

몸통과 머리

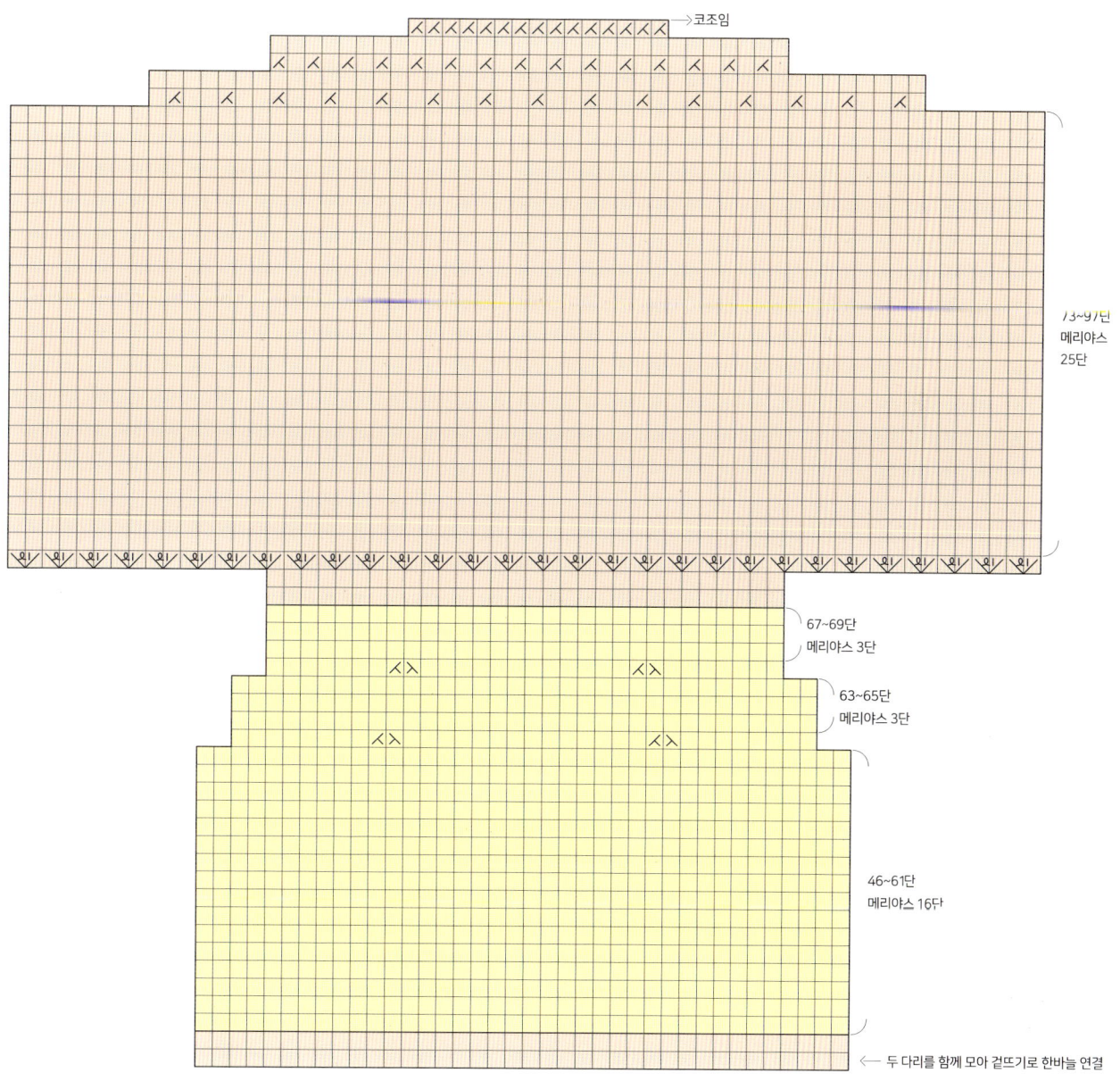

양말 프릴

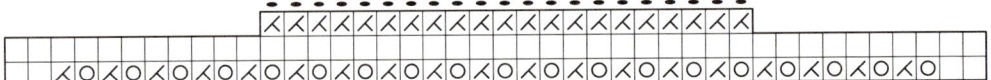

옷깃

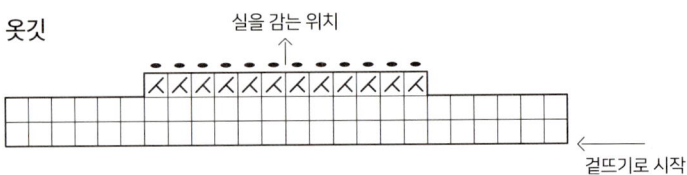

팔(2개)

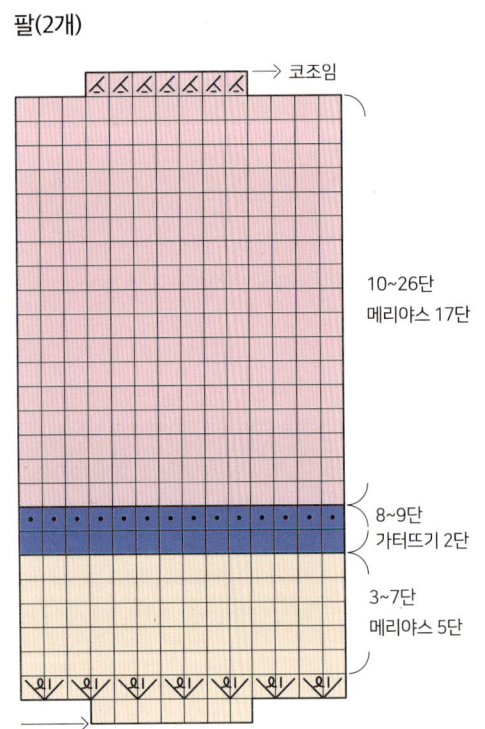

귀(4개)

리본

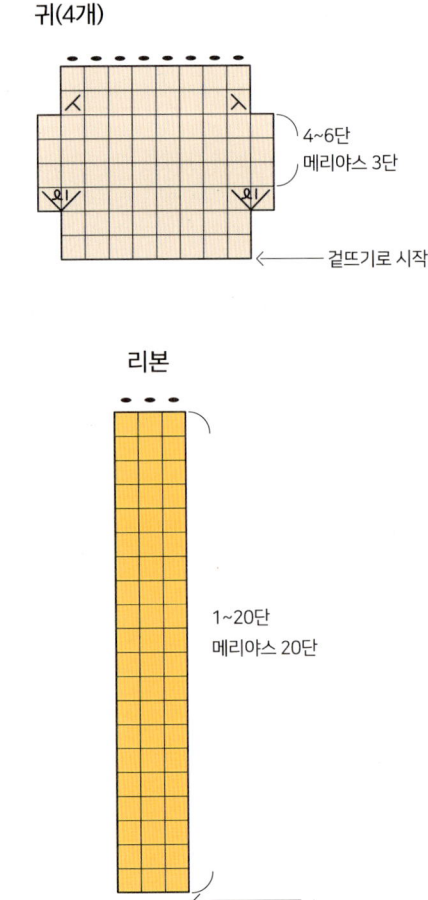

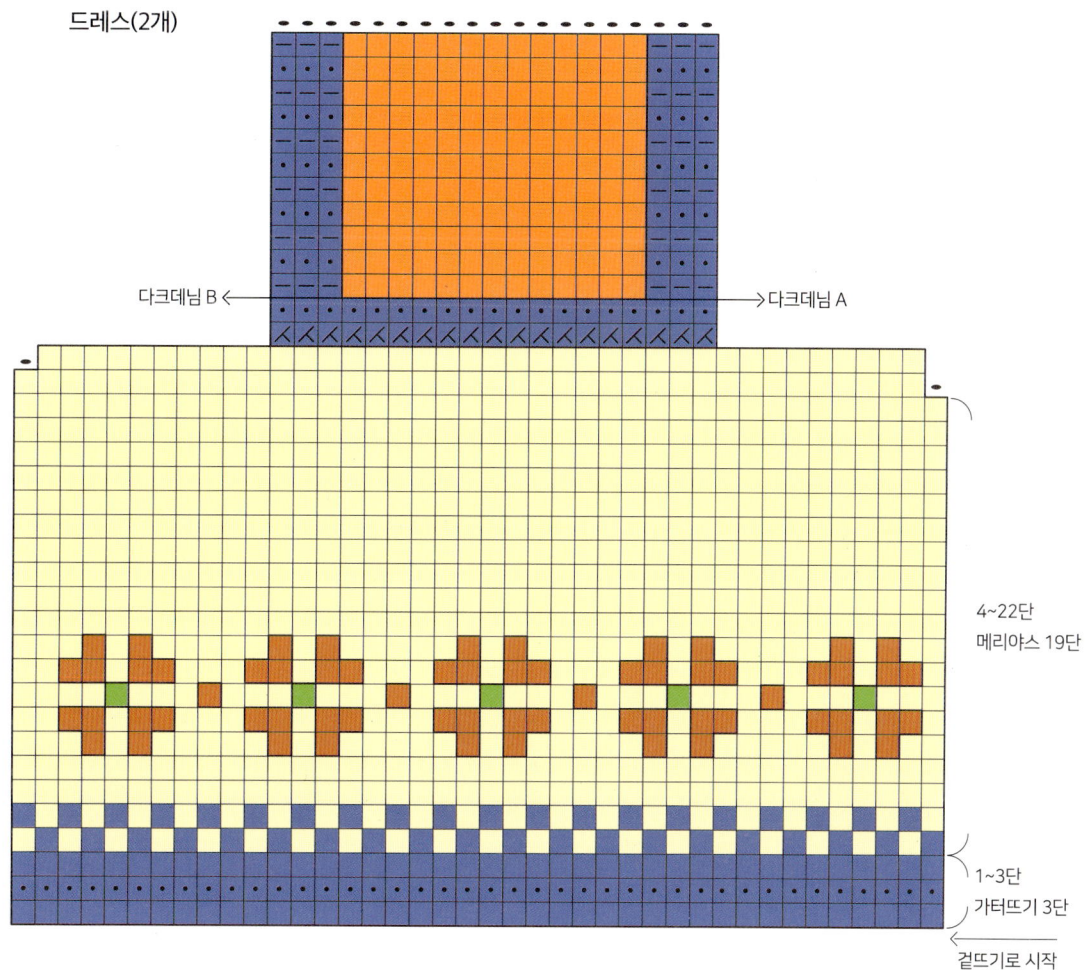

뜨는 방법 및 조립 과정

1. 왼쪽, 오른쪽 다리 두 쪽을 뜬 후 발의 앞코를 마주보게 놓고 겉뜨기로 하나의 바늘에 연결합니다.

2. 머리 부분은 돗바늘로 코를 옮긴 후 실을 당겨 조여준 뒤 마무리해줍니다.

3. 편물을 머리까지 떴을 때의 완성 모습입니다.

4. 머리에서부터 등 쪽으로, 발에서부터 등 쪽으로 구멍을 조금 남기고 메리야스 잇기로 꿰매줍니다.

5. 솜이 뭉치지 않도록 겸자로 골고루 잘 넣어줍니다.

6. 몸에 솜을 넣어준 후 등 부분을 마무리하고 목을 조여줄 자리에 실을 걸어줍니다.

7. 발바닥 부분 맨 첫 코부터 한 코 건너 한 코씩 감칠질한 후 조여서 당겨줍니다.

8. 가랑이 사이의 빈 공간도 감침질로 메꿔줍니다.

9. 편물을 가지런하게 뜬 후 없애야 할 실들은 깨끗하게 정리합니다.

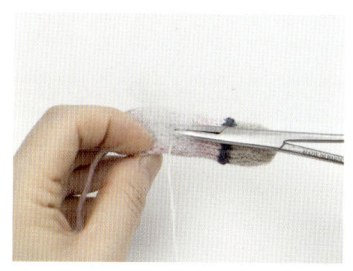

10. 손에서부터 팔 끝부분까지 고르게 메리야스잇기로 꿰매준 후 적당한 양의 솜을 넣어줍니다.

11. 팔 두 개에 같은 모양으로 솜을 넣은 후 깔끔하게 바느질로 마무리해줍니다.

12. 팔은 옆 측면에 위치를 잘 잡아 대칭이 되도록 나란히 달아줍니다.

13. 양말의 레이스를 떠서 발목의 하얀 부분 양쪽에 가지런하게 달아줍니다.

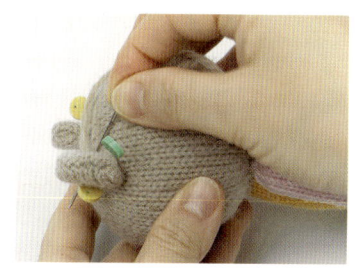

14. 귀를 달아줄 자리를 정한 후 시침핀으로 고정해줍니다.

15. 시침핀으로 고정한 부분을 따라 메리야스잇기로 바느질해 달아줍니다.

16. 눈을 달아줄 위치에 기화펜으로 표시한 후 같은 색 실로 눈의 홀을 미리 잡아둡니다.

17. 홀 부분에 눈 단추를 바느질해서 단단하게 달아준 후 입과 코를 수놓을 자리를 표시해줍니다.

18. 표시해둔 자리에 자수실로 코와 입을 표현해줍니다.

19. 첨부된 그림 도안을 보면서 치마를 2장 뜹니다.

20. 치마의 가슴 부분을 뜰 때는 다크네 님색 실을 양쪽으로 걸어놓고 떠야 편물이 고르게 떠집니다.

21. 치마를 다 뜬 후에는 남아 있는 실들을 정리해줍니다.

22. 치마는 같은 사이즈로 2장을 만들어 놓습니다.

23. 치마를 앞뒤로 마주보게 놓은 후 메리야스잇기로 가지런하게 어깨선 전까지 바느질합니다.

24. 눈 안의 까만 눈동자와 눈썹을 자수실로 표현해주고, 코와 눈 아래를 조여 얼굴에 입체감을 표현합니다.

25. 옷깃은 치마의 맨 윗부분에 가지런히 바느질해 달아줍니다. 장식단추도 가슴 부분에 미리 달아줍니다.

26. 옷을 입히고 어깨 부분은 감침질로 바느질해줍니다.

27. 왼쪽 귀에 리본을 달아 완성합니다.

02
호두 베어

실과 도구

눈 6mm 플라스틱 인형 눈 1쌍

코 브라운색 울 자수실

꼬리, 코 King cole / baby alpaca DK ivory

얼굴, 다리, 손, 귀
King cole / baby alpaca DK light yellow brown

티셔츠
Jamieson&Smith /
ivory, orange, blue, green, yellow
✱ 실이 가늘어 2줄을 함께 잡고 뜨는 것을 추천합니다.

인형 사이즈 약 25cm
바늘 2.5mm

사용되는 뜨개법

겉뜨기 (k)

안뜨기 (p)

왼코 겹쳐 2코 모아뜨기 (k2tog)

왼코 겹쳐 2코 모아 안뜨기 (p2tog)

오른코 겹쳐 2코 모아뜨기 (skpo)

앞뒤 겉뜨기로 코 늘리기 (inc, kfb)

앞뒤 안뜨기로 코 늘리기(pfb)

메리야스뜨기 (st-st)

고무뜨기 (rib stitch)

감아코 늘리기 (cast on)

코막음 (cast off)

패 턴

● **오른쪽 다리**

* 옐로우브라운색 실로 바늘에 시작코 17코를 만들어줍니다.

Row 1 : 안뜨기로 1단을 뜹니다.

Row 2 : 위의 17코를 모두 앞뒤 겉뜨기로 코 늘리기로 뜹니다. (34코)

Row 3~9 : 안뜨기로 시작해서 메리야스뜨기로 7단을 뜹니다.

Row 10 : 겉뜨기 4코, (왼코 겹쳐 2코 모아뜨기)×9번, 겉뜨기 12코를 뜹니다. (25코)

Row 11~13 : 안뜨기로 시작해서 메리야스뜨기로 3단을 뜹니다.

Row 14 : 겉뜨기 4코, (왼코 겹쳐 2코 모아뜨기)×5번, 겉뜨기 11코를 뜹니다. (20코)

Row 15~19 : 안뜨기로 시작해서 메리야스뜨기로 5단을 뜹니다.

Row 20 : 겉뜨기로 한 단을 뜨는데, 맨 첫 코와 맨 끝 코는 앞뒤 겉뜨기로 코 늘리기로 뜹니다. (22코)

Row 21~23 : 안뜨기로 시작해서 메리야스뜨기로 3단을 뜹니다.

Row 24 : 겉뜨기로 한 단을 뜨는데, 맨 첫 코와 맨 끝 코는 앞뒤 겉뜨기로 코 늘리기로 뜹니다. (24코)

Row 25~27 : 안뜨기로 시작해서 메리야스뜨기로 3단을 뜹니다.

tip. 방향이 바뀌지 않도록 주의하며 안전핀에 걸어놓습니다.

● **왼쪽 다리**

* 옐로우브라운색 실로 바늘에 시작코 17코를 만들어줍니다.

Row 1 : 안뜨기로 1단을 뜹니다.

Row 2 : 위의 17코를 모두 앞뒤 겉뜨기로 코 늘리기로 뜹니다. (34코)

Row 3~9 : 안뜨기로 시작해서 메리야스뜨기로 7단을 뜹니다.

Row 10 : 겉뜨기 12코, (왼코 겹쳐 2코 모아뜨기)×9번, 겉뜨기 4코를 뜹니다. (25코)

Row 11~13 : 안뜨기로 시작해서 메리야스뜨기로 3단을 뜹니다.

Row 14 : 겉뜨기 11코, (왼코 겹쳐 2코 모아뜨기)×5번, 겉뜨기 4코를 뜹니다. (20코)

Row 15~19 : 안뜨기로 시작해서 메리야스뜨기로 5단을 뜹니다.

Row 20 : 겉뜨기로 한 단을 뜨는데, 맨 첫 코와 맨 끝 코는 앞뒤 겉뜨기로 코 늘리기로 뜹니다. (22코)

Row 21~23 : 안뜨기로 시작해서 메리야스뜨기로 3단을 뜹니다.

Row 24 : 겉뜨기로 한 단을 뜨는데, 맨 첫 코와 맨 끝 코는 앞뒤 겉뜨기로 코 늘리기로 뜹니다. (24코)

Row 25~27 : 안뜨기로 시작해서 메리야스뜨기로 3단을 뜹니다.

● **몸통과 머리**

Row 28 : 두 개의 다리를 발의 앞 코와 마주보도록 놓고, 하나의 바늘에 겉뜨기로 뜨면서 연결합니다. (48코)

Row 29 : 안뜨기로 1단을 뜹니다.

Row 30 : 겉뜨기 2코, 앞뒤 겉뜨기로 코 늘리기 1번, (겉뜨기 3코, 앞뒤 겉뜨기로 코 늘리기 1번)×11번, 겉뜨기 1코를 뜹니다. (60코)

Row 31~35 : 안뜨기로 시작해서 메리야스뜨기 5단을 뜹니다.

Row 36 : 겉뜨기 2코, 앞뒤 겉뜨기로 코 늘리기 1번, (겉뜨기 4코, 앞뒤 겉뜨기로 코 늘리기 1번)×11번, 겉뜨기 2코를 뜹니다. (72코)

Row 37~41 : 안뜨기로 시작해서 메리야스뜨기 5단을 뜹니다.

Row 42 : 겉뜨기 3코, 앞뒤 겉뜨기로 코 늘리기 1번, (겉뜨기 5코, 앞뒤 겉뜨기로 코 늘리기 1번)×11번, 겉뜨기 2코를 뜹니다. (84코)

＊ 오렌지색으로 실을 바꿔줍니다.

Row 43 : 안뜨기로 1단을 뜹니다.

Row 44 : 겉뜨기 2코, 안뜨기 3코, (겉뜨기 3코, 안뜨기 3코)×13번, 겉뜨기 1코를 뜹니다.

Row 45 : 안뜨기 1코, (겉뜨기 3코, 안뜨기 3코)×13번, 겉뜨기 3코, 안뜨기 2코를 뜹니다.

Row 46 : 겉뜨기 2코, 안뜨기 3코, (겉뜨기 3코, 안뜨기 3코)×13번, 겉뜨기 1코를 뜹니다.

Row 47 : 안뜨기 1코, (겉뜨기 3코, 안뜨기 3코)×13번, 겉뜨기 3코, 안뜨기 2코를 뜹니다.

＊ 아이보리색으로 실을 바꿔줍니다.

Row 48~51 : 겉뜨기로 시작해서 메리야스뜨기 4단을 뜹니다.

＊ 옐로우색으로 실을 바꿔줍니다.

Row 52~55 : 겉뜨기로 시작해서 메리야스뜨기 4단을 뜹니다.

＊ 아이보리색으로 실을 바꿔줍니다.

Row 56~59 : 겉뜨기로 시작해서 메리야스뜨기 4단을 뜹니다.

＊ 그린색으로 실을 바꿔줍니다.

Row 60 : 겉뜨기 3코, 왼코 겹쳐 2코 모아뜨기, (겉뜨기 5코, 왼코 겹쳐 2코 모아뜨기)×11번, 겉뜨기 2코 (72코)

Row 61~63 : 안뜨기로 시작해서 메리야스뜨기 3단을 뜹니다.

＊ 아이보리색으로 실을 바꿔줍니다.

Row 64~67 : 메리야스뜨기 4단을 뜹니다.

＊ 블루색으로 실을 바꿔줍니다.

Row 68 : 겉뜨기 2코, 왼코 겹쳐 2코 모아뜨기, (겉뜨기 4코, 왼코 겹쳐 2코 모아뜨기)×11번, 겉뜨기 2코를 뜹니다. (60코)

Row 69~71 : 안뜨기로 시작해서 메리야스뜨기 3단을 뜹니다.

＊ 아이보리색으로 실을 바꿔줍니다.

Row 72~73 : 겉뜨기로 시작해서 메리야스뜨기 2단을 뜹니다.

Row 74 : 겉뜨기 2코, 왼코 겹쳐 2코 모아뜨기, (겉뜨기 3코, 왼코 겹쳐 2코 모아뜨기)×11번, 겉뜨기 1코를 뜹니다. (48코)

Row 75 : 안뜨기로 1단을 뜹니다.

＊ 오렌지색으로 실을 바꿔줍니다.

Row 76 : 겉뜨기로 1단을 뜹니다.

Row 77 : 안뜨기 2코, 겉뜨기 3코, (안뜨기 3코, 겉뜨기 3코)×7번, 안뜨기 1코를 뜹니다.

Row 78 : 겉뜨기 1코, (안뜨기 3코, 겉뜨기 3코)×7번, 안뜨기 3코, 겉뜨기 2코를 뜹니다.

Row 79 : 안뜨기 2코, 겉뜨기 3코, (안뜨기 3코, 겉뜨기 3코)×7번, 안뜨기 1코를 뜹니다.

Row 80 : 겉뜨기 1코, (안뜨기 3코, 겉뜨기 3코)×7번, 안뜨기 3코, 겉뜨기 2코를 뜹니다.

＊ 옐로우 브라운색으로 실을 바꿔줍니다.

Row 81 : 안뜨기 1코, 왼코 겹쳐 2코 모아 안뜨기 1코, (안뜨기 2코, 왼코 겹쳐 2코 모아 안뜨기)×11번, 안뜨기 1코를 뜹니다. (36코)

Row 82 : (겉뜨기 1코, 앞뒤 겉뜨기로 코 늘리기 5번)×6번 반복해 끝까지 뜹니다. (66코)

Row 83~107 : 안뜨기로 시작해서 메리야스뜨기 25단을 뜹니다.

Row 108 : (겉뜨기 2코, 왼코 겹쳐 2코 모아뜨기)×16번, 겉뜨기 2코를 뜹니다. (50코)

Row 109 : 안뜨기로 1단을 뜹니다.

Row 110 : (겉뜨기 2코, 왼코 겹쳐 2코 모아뜨기)×12번, 겉뜨기 2코를 뜹니다. (38코)

Row 111 : 안뜨기로 1단을 뜹니다.

Row 112 : (왼코 겹쳐 2코 모아뜨기)×19번을 뜹니다. (19코)

Row 113 : 안뜨기로 1단을 뜹니다.

Row 114 : (왼코 겹쳐 2코 모아뜨기)×9번, 겉뜨기 1코를 뜹니다. (10코)

＊ 돗바늘에 코를 옮겨 조여줍니다.

● 귀 (4개)

✱ 옐로우브라운색 실로 바늘에 시작코 9코를 만들어줍니다.

Row 1~2 : 겉뜨기로 시작해서 메리야스뜨기로 2단을 뜹니다.

Row 3 : 겉뜨기로 1단을 뜨는데, 첫 코와 마지막 코는 앞뒤 겉뜨기로 코 늘리기를 해 뜹니다. (11코)

Row 4~6 : 안뜨기로 시작해서 메리야스뜨기로 3단을 뜹니다.

Row 7 : 겉뜨기로 1단 뜨는데, 첫 코와 마지막 코는 왼코 겹쳐 2코 모아뜨기로 코를 줄여서 뜹니다. (9코)

Row 8 : 안뜨기로 1단 뜨는데, 첫 코와 마지막 코는 왼코 겹쳐 2코 모아 안뜨기로 코를 줄여서 뜹니다. (7코)

Row 9 : 겉뜨기로 1단을 뜹니다.

✱ 안뜨기로 코막음을 해줍니다.

● 팔 (2개)

✱ 아이보리색 실로 바늘에 시작코 8코를 만들어줍니다.

Row 1 : 안뜨기로 1단을 뜹니다.

Row 2 : 겉뜨기로 1단 뜨는데, 첫 코를 앞뒤 겉뜨기로 코 늘리기를 해 뜹니다. (9코)

Row 3 : 안뜨기로 1단 뜨는데, 첫 코를 앞뒤 안뜨기로 코 늘리기를 해 뜹니다. (10코)

✱ 블루색으로 실을 바꿔줍니다.

Row 4~7 : 4단을 메리야스뜨기로 뜨는데, 첫 코를 시작할 때마다 앞뒤 코 늘리기로 뜹니다. (14코)

✱ 아이보리색으로 실을 바꿔줍니다.

Row 8~9 : 2단을 메리야스뜨기로 뜨는데, 첫 코를 시작할 때마다 앞뒤 코 늘리기로 뜹니다. (16코)

Row 10 : 겉뜨기를 1단 뜨는데, 시작할 때 감아코를 2코 먼저 만들어준 후에 뜹니다. (18코)

Row 11 : 안뜨기를 1단 뜨는데, 시작할 때 감아코를 2코 먼저 만들어준 후에 뜹니다. (20코)

✱ 그린색으로 실을 바꿔줍니다.

Row 12~15 : 겉뜨기로 시작해서 메리야스뜨기 4단을 뜹니다.

✱ 아이보리색으로 실을 바꿔줍니다.

Row 16~19 : 겉뜨기로 시작해서 메리야스뜨기 4단을 뜹니다.

✱ 옐로우색으로 실을 바꿔줍니다.

Row 20~23 : 겉뜨기로 시작해서 메리야스뜨기 4단을 뜹니다.

✱ 아이보리색으로 실을 바꿔줍니다.

Row 24~27 : 겉뜨기로 시작해서 메리야스뜨기 4단을 뜹니다.

✱ 오렌지색으로 실을 바꿔줍니다.

Row 28 : 겉뜨기로 1단을 뜹니다.

Row 29 : 안뜨기 2코, (겉뜨기 3코, 안뜨기 3코)×3번을 뜹니다.

Row 30 : (겉뜨기 3코, 안뜨기 3코)×3번, 겉뜨기 2코를 뜹니다.

Row 31 : 안뜨기 2코, (겉뜨기 3코, 안뜨기 3코)×3번을 뜹니다.

✱ 옐로우 브라운색으로 실을 바꿔줍니다.

Row 32~37 : 겉뜨기로 시작 메리야스뜨기 6단을 뜹니다.

Row 38 : (겉뜨기 3코, 오른코 겹쳐 2코 모아뜨기, 왼코 겹쳐 2코 모아뜨기, 겉뜨기 3코)×2번을 뜹니다. (16코)

Row 39 : 안뜨기 1단을 뜹니다.

Row 40 : 겉뜨기 3코, 오른코 겹쳐 2코 모아뜨기, 왼코 겹쳐 2코 모아뜨기, 겉뜨기 4코, 오른코 겹쳐 2코 모아뜨기, 왼코 겹쳐 2코 모아뜨기, 겉뜨기 3코를 뜹니다. (14코)

Row 41 : 안뜨기 1단을 뜹니다.

✱ 돗바늘에 코를 옮겨 조여줍니다.

● 꼬리 (1개)

* 아이보리색 실로 바늘에 시작코 12코를 만들어줍니다.

Row 1~2 : 겉뜨기로 시작해서 메리야스뜨기로 2단을 뜹니다.

Row 3 : (앞뒤 겉뜨기로 코 늘리기 1번, 겉뜨기 1코)×6번을 뜹니다. (18코)

Row 4~8 : 안뜨기로 시작해서 메리야스뜨기로 5단을 뜹니다.

Row 9 : (겉뜨기 1코, 왼코 겹쳐 2코 모아뜨기)×6번을 뜹니다. (12코)

Row 10 : 안뜨기로 1단을 뜹니다.

Row 11 : (왼코 겹쳐 2코 모아뜨기)×6번을 뜹니다. (6코)

* 돗바늘에 코를 옮겨 조여줍니다.

● 주둥이 (1개)

* 아이보리색 실로 바늘에 시작코 30코를 만들어줍니다.

Row 1~3 : 겉뜨기로 시작해서 메리야스뜨기로 3단을 뜹니다.

Row 4 : (왼코 겹쳐 2코 모아 안뜨기, 안뜨기 1코)×10번을 뜹니다. (20코)

Row 5 : 겉뜨기로 1단을 뜹니다.

Row 6 : (왼코 겹쳐 2코 모아 안뜨기)×10번을 뜹니다. (10코)

* 돗바늘에 코를 옮겨 조여줍니다.

도안

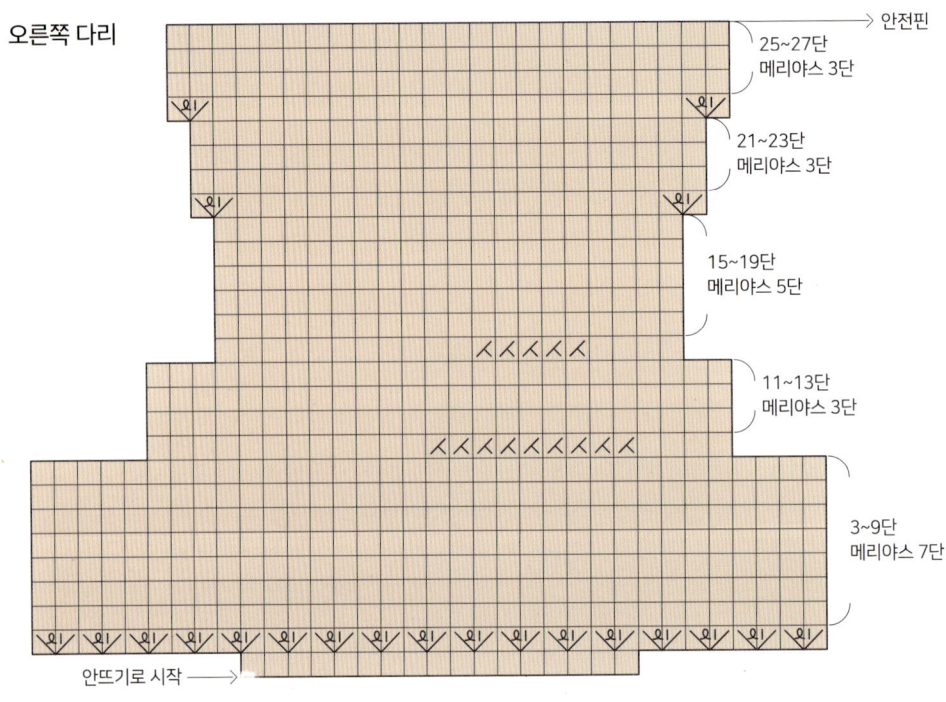

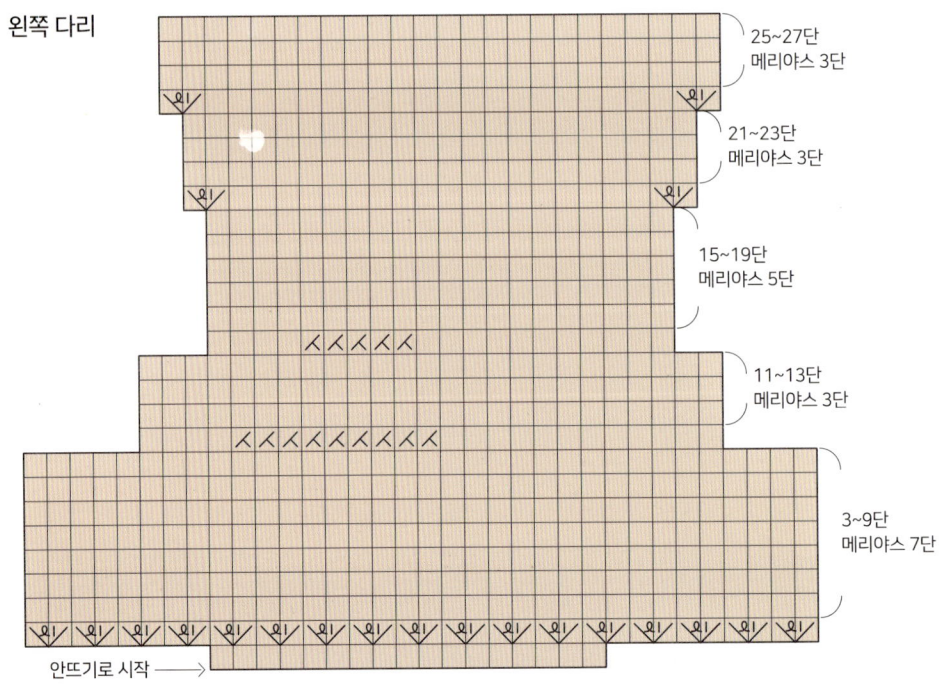

꼬리

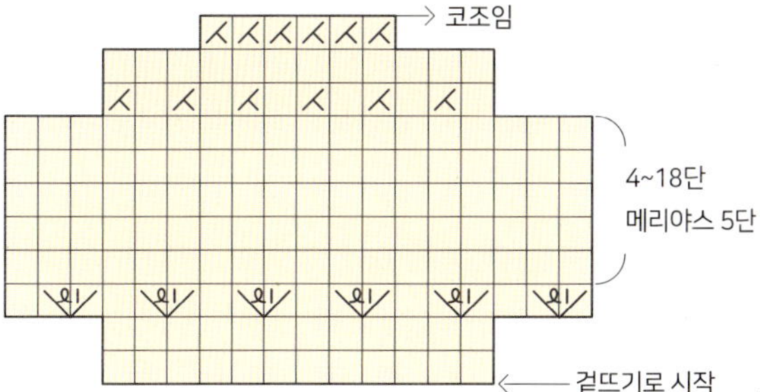

→ 코조임

4~18단
메리야스 5단

←겉뜨기로 시작

팔

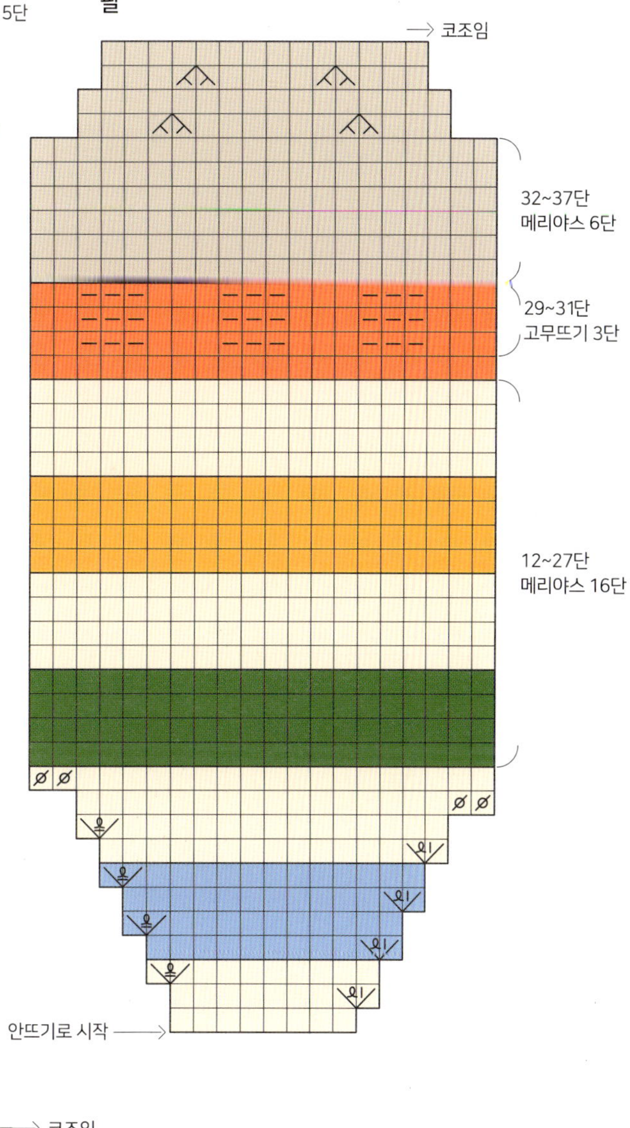

→ 코조임

32~37단
메리야스 6단

29~31단
고무뜨기 3단

12~27단
메리야스 16단

귀

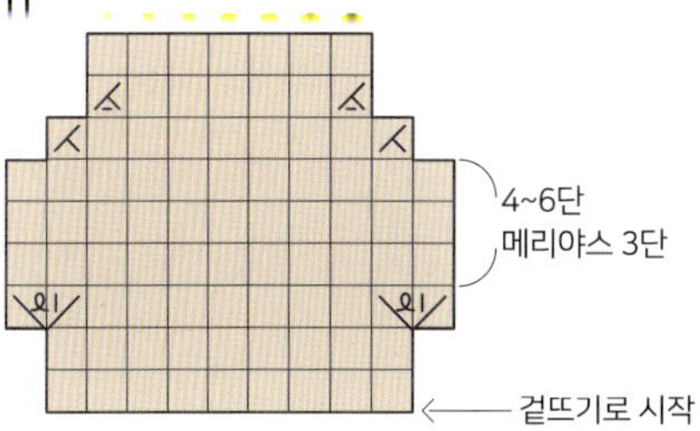

4~6단
메리야스 3단

←겉뜨기로 시작

안뜨기로 시작→

주둥이

→ 코조임

←겉뜨기로 시작

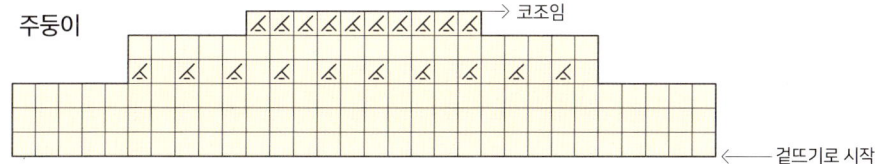

몸통과 머리 → 코조임

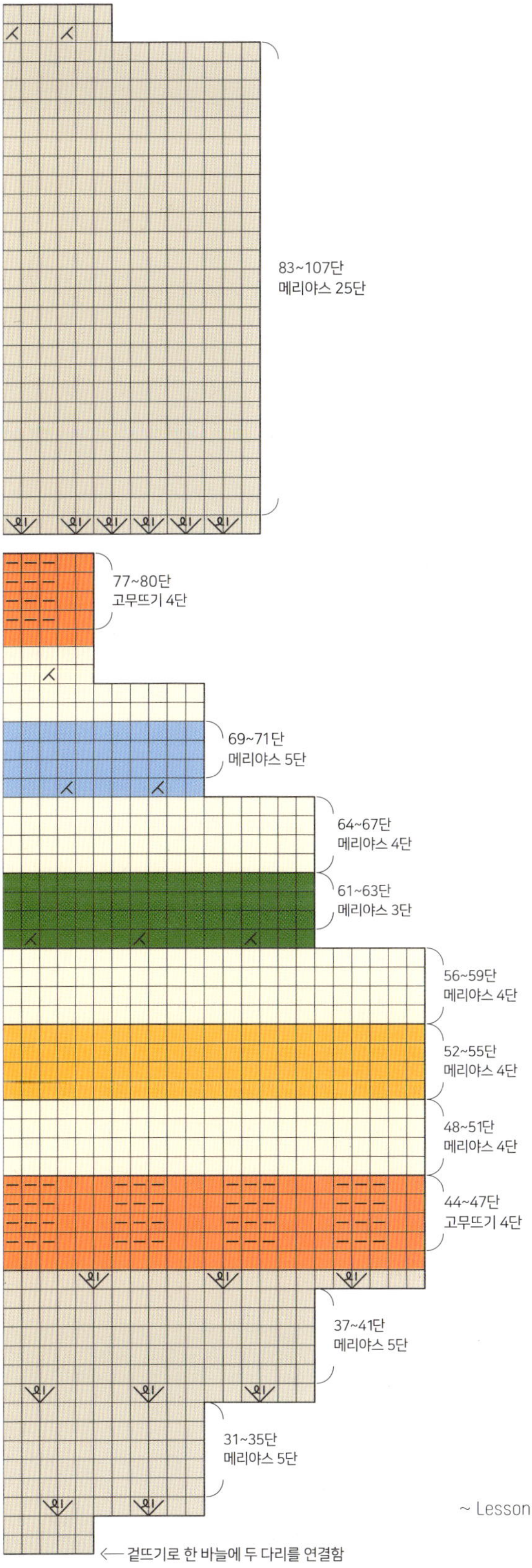

83~107단
메리야스 25단

77~80단
고무뜨기 4단

69~71단
메리야스 5단

64~67단
메리야스 4단

61~63단
메리야스 3단

56~59단
메리야스 4단

52~55단
메리야스 4단

48~51단
메리야스 4단

44~47단
고무뜨기 4단

37~41단
메리야스 5단

31~35단
메리야스 5단

← 겉뜨기로 한 바늘에 두 다리를 연결함

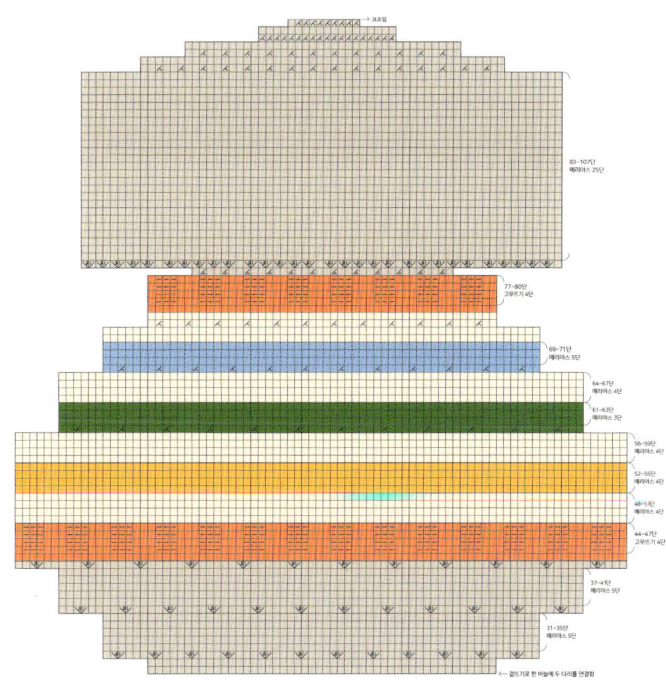

* 원본 도안입니다.

~ Lesson 05. 옥토끼의 따뜻한 인형들 · 171 ~

뜨는 방법 및 조립 과정

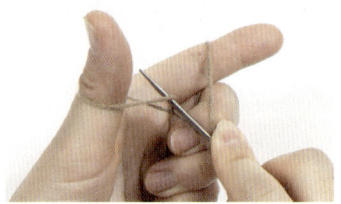

1. 도안을 보고 바늘에 코를 잡아줍니다.

2. 사진처럼 가지런하게 코를 만듭니다.

3. 오른쪽 다리를 떠서 안전핀에 걸어놓습니다.

4. 반대쪽 다리도 가지런하게 떠줍니다.

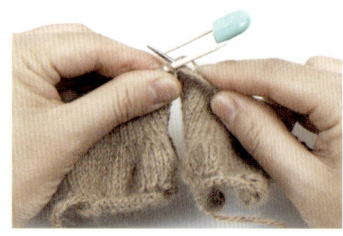

5. 안전핀에 걸어두었던 다리를 겉뜨기를 하면서 함께 모아서 뜹니다.

6. 사진과 같이 발의 앞 코를 가지런히 모아주고, 다음 몸통을 뜰 준비를 합니다.

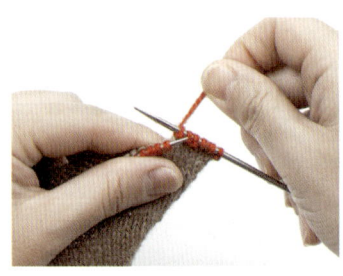

7. 실의 색을 바꿔 티셔츠를 뜰 준비를 합니다.

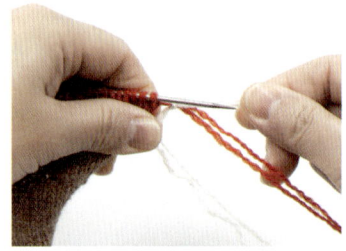

8. 도안을 보고 실의 색을 바꿔가면서 뜹니다.

9. 사진과 같이 배색을 하며 뜹니다.

10. 머리까지 다 뜬 후 마지막 남은 코는 조여서 마무리합니다.

11. 다 뜬 편물을 뒤집은 후 남은 실들을 가장 바깥쪽 시접이 될 부분에 돗바늘로 정리해줍니다.

12. 어지러운 실들은 사진과 같이 정리합니다.

13. 편물의 다리 맨 아래에 걸려 있는 실로 가장 끝부분 코에 걸어 동그랗게 모아줍니다.

14. 다리에서부터 등까지 메리야스잇기로 연결해줍니다.

15. 다리에서부터 등까지 티셔츠의 무늬를 맞춰가면서 메리야스잇기를 합니다.

16. 가운데 솜 넣을 곳을 남겨두고, 위아래 부분을 가지런히 이어줍니다.

17. 양쪽 발끝의 구멍에 겸자로 솜을 적당히 채워넣습니다.

18. 등 부분에서 머리와 배 부분까지 솜을 가득 채워 통통한 몸을 표현합니다.

19. 인형의 주둥이 부분을 뜨고 벌어진 부분을 모아서 메리야스잇기로 꿰매줍니다.

20. 귀 4장을 뜬 후 남은 실들을 뒤에서 정리해줍니다.

21. 귀 2장을 서로 맞대어 메리야스잇기로 꿰매줍니다.

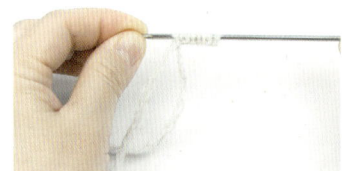

22. 팔을 뜨기 위해 바늘에 코를 잡아줍니다.

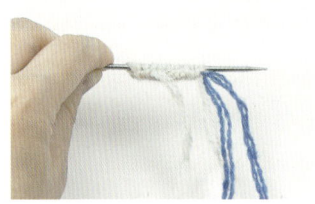

23. 도안을 보고 색을 바꿔가며 고르게 떠줍니다.

24. 팔은 어깨가 늘어나는 부분을 주의해서 뜹니다.

25. 도안에서 '코를 만들라'는 의미는 실을 감아서 한 코를 늘려주는 것을 말합니다.

26. 사진과 같이 팔을 2개 뜹니다.

27. 편물을 뒤집어 어지러운 실들을 시접이 될 부분에 돗바늘로 정리합니다.

28. 사진과 같이 실을 정리해 팔 2개를 만들어놓습니다.

29. 팔 끝에서부터 메리야스잇기로 팔을 꿰매줍니다.

30. 인형의 옆 부분에 팔을 달아줄 위치를 정해 시침핀으로 고정합니다.

31. 팔의 위치를 정한 후 메리야스잇기로 몸과 팔을 연결합니다.

32. 귀도 양쪽에 균형을 맞춰 메리야스잇기로 머리에 달아줍니다.

33. 목과 머리의 경계가 되는 부분에 실을 반복해서 걸어줍니다.

34. 양쪽에서 실을 잡아당긴 후 목을 조여 얼굴과 몸의 모양을 정리해줍니다.

35. 양쪽에서 실을 조인 후 두 번 단단히 묶어 실을 정리해줍니다.

36. 얼굴의 가운데에서 조금 아래에 주둥이를 시침핀으로 고정시킨 후 메리야스잇기로 고르게 바느질해주면서 겸자로 솜을 넣습니다.

37. 솜을 적당히 넣어 모양을 만든 후 끝까지 메리야스잇기를 한 후 실을 정리합니다.

38. 다리 사이에 작게 비어 있는 구멍도 감침질로 잘 메꿔줍니다.

39. 발바닥은 겉 코를 한 코 건너 하나씩 감침질해 한 번에 모아줍니다.

40. 마지막으로 꼬리를 떠 줍니다.

41. 꼬리의 끝을 모아 코를 조여 마무리하고 메리야스잇기로 꿰매서 솜을 적당히 넣습니다.

42. 엉덩이와 티셔츠가 만나는 가운데 부분에 꼬리를 달아줍니다.

43. 주둥이 윗부분의 눈이 달릴 자리에 아이홀을 살짝 잡아줍니다.

44. 가는 퀼팅실로 아이홀을 잡은 위치에 눈을 달아주고, 자수실로 코를 수놓습니다.

≈ 03 ≈
소녀 토끼 라니

실과 도구

얼굴, 귀, 손, 다리 GGH / CUMBA ivory #031

눈 6mm 인형 눈 1쌍

코 핑크색 올 자수실

옷깃 PHILDAR / super baby #145 light mint

몸 KPC Yarn / Glencoul dk sherbert

팔 KPC Yarn / Glencoul dk pear drop

치마 KPC Yarn / Glencoul dk peacock, key lime, mango, confetti

양말 KPC Yarn / Glencoul dk caramel

다리 KPC Yarn / Glencoul dk autumn leaf

인형 사이즈 약 25cm
바늘 2.5mm

*** 그 외**
장식구슬, 리본

사용되는 뜨개법

겉뜨기 (k)

안뜨기 (p)

왼코 겹쳐 2코 모아뜨기 (k2tog)

왼코 겹쳐 2코 모아 안뜨기 (p2tog)

앞뒤 겉뜨기로 코 늘리기 (inc, kfb)

메리야스뜨기 (st-st)

가터뜨기 (g-st)

오른코 겹쳐 2코 모아뜨기 (skpo)

바늘비우기 (yo)

겉뜨기로 돌려뜨기 (ktbl)

코막음 (cast off)

패 턴

● **오른쪽 다리 (1개)**

✱ 어텀리프색 실로 바늘에 17코를 만들어줍니다.

Row 1 : 안뜨기 1단을 뜹니다.

Row 2 : 앞뒤 겉뜨기로 코 늘리기 16번, 겉뜨기 1코를 뜹니다. (33코)

Row 3~4 : 안뜨기로 2단을 뜹니다.

Row 5~9 : 안뜨기로 시작해서 메리야스뜨기로 5단을 뜹니다.

Row 10 : 겉뜨기 5코, (왼코 겹쳐 2코 모아뜨기)×3번, 겉뜨기 1코, (왼코 겹쳐 2코 모아뜨기)×3번, 겉뜨기 15코를 뜹니다. (27코)

Row 11 : 안뜨기로 1단을 뜹니다.

Row 12 : 겉뜨기 4코, (왼코 겹쳐 2코 모아뜨기)×2번, 겉뜨기 1코, (왼코 겹쳐 2코 모아뜨기)×2번, 겉뜨기 14코를 뜹니다. (23코)

Row 13 : 안뜨기로 1단을 뜹니다.

Row 14 : 겉뜨기 4코, 왼코 겹쳐 2코 모아뜨기, 겉뜨기 1코, 왼코 겹쳐 2코 모아뜨기, 겉뜨기 14코를 뜹니다. (21코)

Row 15 : 안뜨기로 1단을 뜹니다.

Row 16 : 겉뜨기 3코, 왼코 겹쳐 2코 모아뜨기, 겉뜨기 1코, 왼코 겹쳐 2코 모아뜨기, 겉뜨기 13코를 뜹니다. (19코)

Row 17~20 : 안뜨기로 4단을 뜹니다.

✱ 베이지색으로 실을 새로 연결합니다.

Row 21 : 안뜨기로 1단을 뜹니다.

Row 22 : 겉뜨기로 1단을 뜹니다.

Row 23~24 : 안뜨기로 2단을 뜹니다.

✱ 화이트색으로 실을 새로 연결합니다.

Row 25~43 : 안뜨기로 시작해서 메리야스뜨기로 19단을 뜹니다.

✱ 안전핀에 걸어놓습니다.

● **왼쪽 다리 (1개)**

✱ 어텀리프색 실로 바늘에 17코를 만들어줍니다.

Row 1 : 안뜨기 1단을 뜹니다.

Row 2 : 겉뜨기 1코, 앞뒤 겉뜨기로 코 늘리기 16번을 뜹니다. (33코)

Row 3~4 : 안뜨기로 2단을 뜹니다.

Row 5~9 : 안뜨기로 시작해서 메리야스뜨기로 5단을 뜹니다.

Row 10 : 겉뜨기 15코, (왼코 겹쳐 2코 모아뜨기)×3번, 겉뜨기 1코, (왼코 겹쳐 2코 모아뜨기)×3번, 겉뜨기 5코를 뜹니다. (27코)

Row 11 : 안뜨기로 1단을 뜹니다.

Row 12 : 겉뜨기 14코, (왼코 겹쳐 2코 모아뜨기)×2번, 겉뜨기 1코, (왼코 겹쳐 2코 모아뜨기)×2번, 겉뜨기 4코를 뜹니다. (23코)

Row 13 : 안뜨기로 1단을 뜹니다.

Row 14 : 겉뜨기 14코, 왼코 겹쳐 2코 모아뜨기, 겉뜨기 1코, 왼코 겹쳐 2코 모아뜨기, 겉뜨기 4코를 뜹니다. (21코)

Row 15 : 안뜨기로 1단을 뜹니다.

Row 16 : 겉뜨기 13코, 왼코 겹쳐 2코 모아뜨기, 겉뜨기 1코, 왼코 겹쳐 2코 모아뜨기, 겉뜨기 3코를 뜹니다. (19코)

Row 17~20 : 안뜨기로 4단을 뜹니다.

✱ 베이지색으로 실을 새로 연결합니다.

Row 21 : 안뜨기로 1단을 뜹니다.

Row 22 : 겉뜨기로 1단을 뜹니다.

Row 23~24 : 안뜨기로 2단을 뜹니다.

✱ 화이트색으로 실을 새로 연결합니다.

Row 25~43 : 안뜨기로 시작해서 메리야스뜨기로 19단을 뜹니다.

● 몸통 및 머리

Row 44 : 두 개의 다리를 신발의 앞 코를 마주보도록 놓고 하나의 바늘에 겉뜨기로 뜨면서 연결합니다. (38코)

Row 45 : 안뜨기로 1단을 뜹니다.

✱ 셔벗색으로 실을 새로 연결합니다.

Row 46~61 : 겉뜨기로 시작해서 메리야스뜨기 16단을 뜹니다.

Row 62 : 겉뜨기 8코, 오른코 겹쳐 2코 모아뜨기, 왼코 겹쳐 2코 모아뜨기, 겉뜨기 14코, 오른코 겹쳐 2코 모아뜨기, 왼코 겹쳐 2코 모아뜨기, 겉뜨기 8코를 뜹니다. (34코)

Row 63~65 : 안뜨기로 시작해서 메리야스뜨기로 3단을 뜹니다.

Row 66 : 겉뜨기 7코, 오른코 겹쳐 2코 모아뜨기, 왼코 겹쳐 2코 모아뜨기, 겉뜨기 12코, 오른코 겹쳐 2코 모아뜨기, 왼코 겹쳐 2코 모아뜨기, 겉뜨기 7코를 뜹니다. (30코)

Row 67~69 : 안뜨기로 시작해서 메리야스뜨기로 3단을 뜹니다.

✱ 화이트색으로 실을 새로 연결합니다.

Row 70~71 : 겉뜨기로 시작해서 메리야스뜨기 2단을 뜹니다.

Row 72 : 모든 코를 앞뒤 겉뜨기로 코 늘리기로 뜹니다. (60코)

Row 73~97 : 안뜨기로 시작해서 메리야스뜨기로 25단을 뜹니다.

Row 98 : 겉뜨기 1코, 왼코 겹쳐 2코 모아뜨기, (겉뜨기 2코, 왼코 겹쳐 2코 모아뜨기)×14번, 겉뜨기 1코를 뜹니다. (45코)

Row 99 : 안뜨기로 1단을 뜹니다.

Row 100 : (겉뜨기 1코, 왼코 겹쳐 2코 모아뜨기)×15번을 뜹니다. (30코)

Row 101 : 안뜨기로 1단을 뜹니다.

Row 102 : (왼코 겹쳐 2코 모아뜨기)×15번을 뜹니다. (15코)

✱ 돗바늘에 코를 옮겨 조여줍니다.

● 귀 (2개)

✱ 화이트색 실로 바늘에 8코를 만들어줍니다.

Row 1 : 안뜨기 1단을 뜹니다.

Row 2 : 앞뒤 겉뜨기로 코 늘리기를 해 뜹니다. (16코)

Row 3~16 : 안뜨기로 시작해서 메리야스뜨기로 14단을 뜹니다.

Row 17 : (왼코 겹쳐 2코 모아뜨기)×8번을 뜹니다. (8코)

✱ 돗바늘에 코를 옮겨 조여줍니다.

● 팔 (2개)

＊ 화이트색 실로 바늘에 7코를 만들어줍니다.

Row 1 : 안뜨기 1단을 뜹니다.

Row 2 : 모든 코를 앞뒤 겉뜨기로 코 늘리기로 뜹니다. (14코)

Row 3~7 : 안뜨기로 시작해서 메리야스뜨기로 5단을 뜹니다.

＊ 피코크색으로 실을 연결합니다.

Row 8~9 : 가터뜨기로 2단을 뜹니다.

＊ 페어드롭색으로 실을 연결합니다.

Row 10~26 : 겉뜨기로 시작해서 메리야스뜨기로 17단을 뜹니다.

Row 27 : (왼코 겹쳐 2코 모아 안뜨기)×7번을 뜹니다. (7코)

＊ 돗바늘에 코를 옮겨 조여줍니다.

● 드레스 (1개)

＊ 피코크색 실로 바늘에 72코를 만들어줍니다.

Row 1~3 : 가터뜨기로 3단을 뜹니다.

Row 4~22 : 안뜨기로 시작해서 그림 도안을 보고 무늬를 배색해가며 메리야스뜨기로 19단을 뜹니다.

Row 23 : (겉뜨기 1코, 왼코 겹쳐 2코 모아뜨기 2번)×14번, 겉뜨기 2코를 뜹니다. (44코)

＊ 피코크색으로 실을 연결합니다.

Row 24 : 겉뜨기로 돌려뜨기 1단을 뜹니다.

Row 25 : 겉뜨기 1단을 뜹니다.

Row 26 : 안뜨기 1단을 뜹니다.

＊ 안뜨기로 코막음을 해줍니다.

● 옷깃 (1개)

＊ 라이트민트색 실로 바늘에 70코를 만들어줍니다.

Row 1 : 겉뜨기 2코, (바늘비우기, 왼코 겹쳐 2코 모아뜨기)×33번, 겉뜨기 2코를 뜹니다. (70코)

Row 2 : 안뜨기 1단을 뜹니다.

Row 3 : 겉뜨기 1단을 뜹니다.

Row 4 : (왼코 겹쳐 2코 모아 안뜨기)×35번을 뜹니다. (35코)

＊ 마무리로 코막음을 해줍니다.

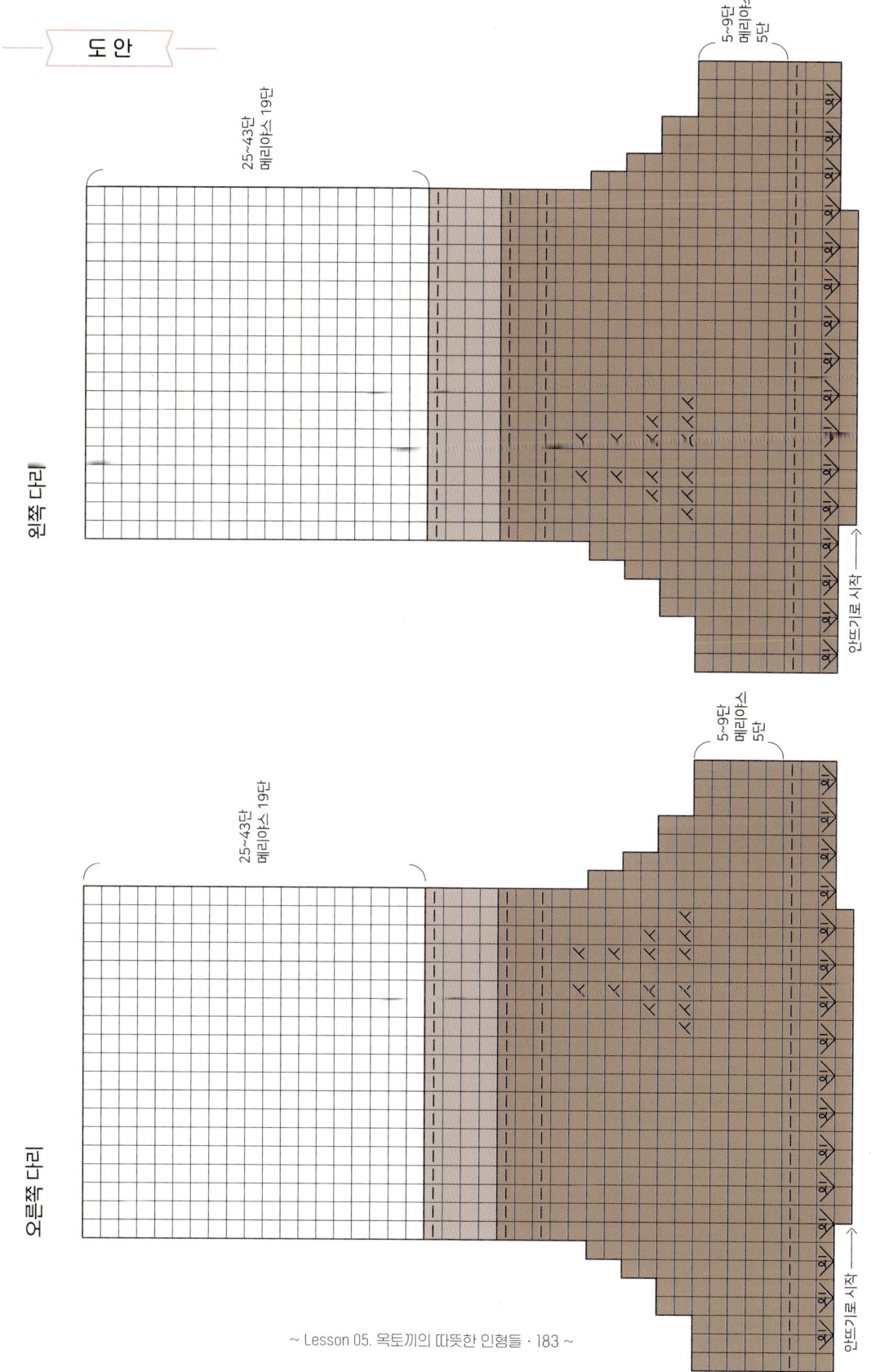

몸통과 머리

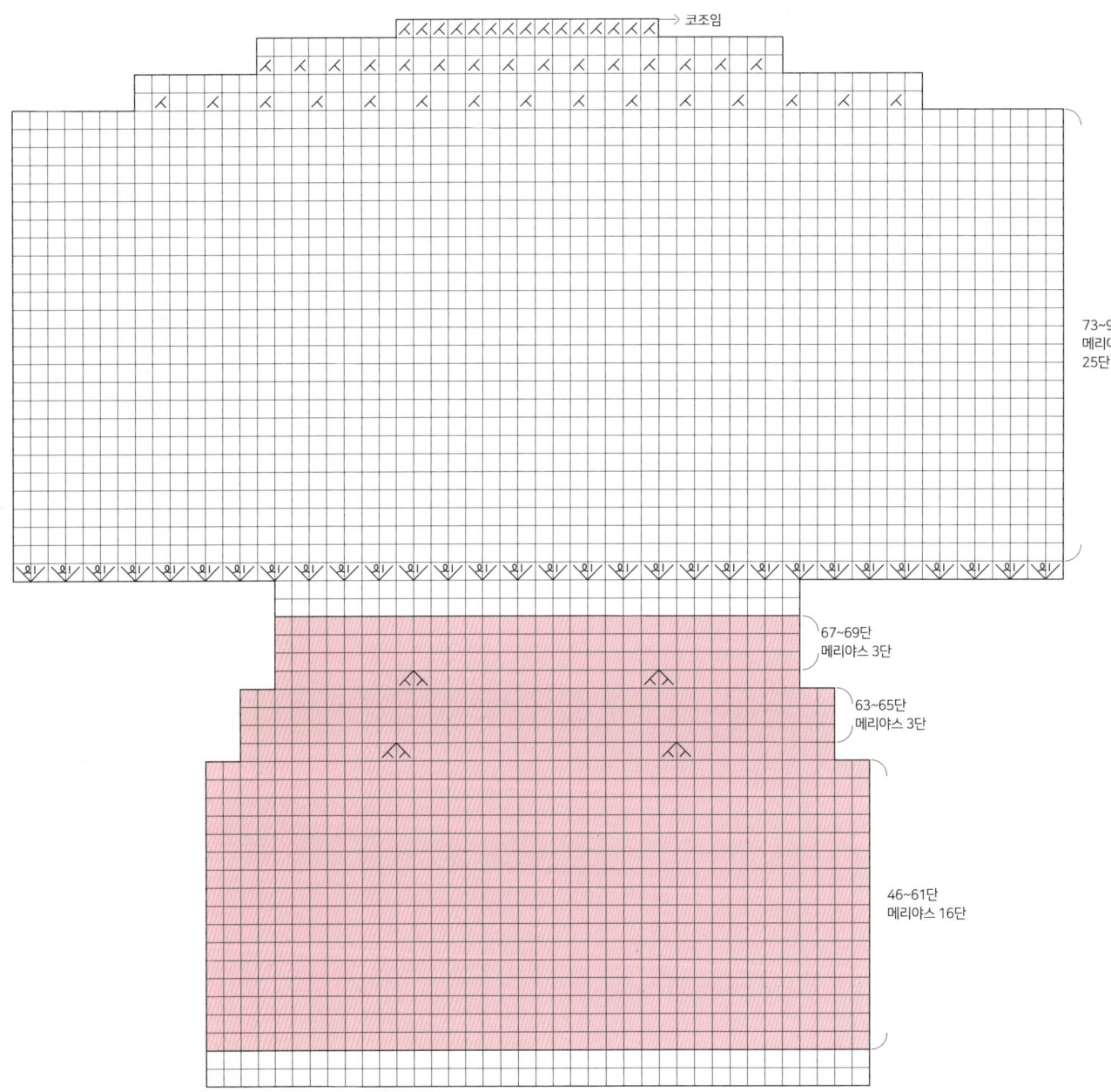

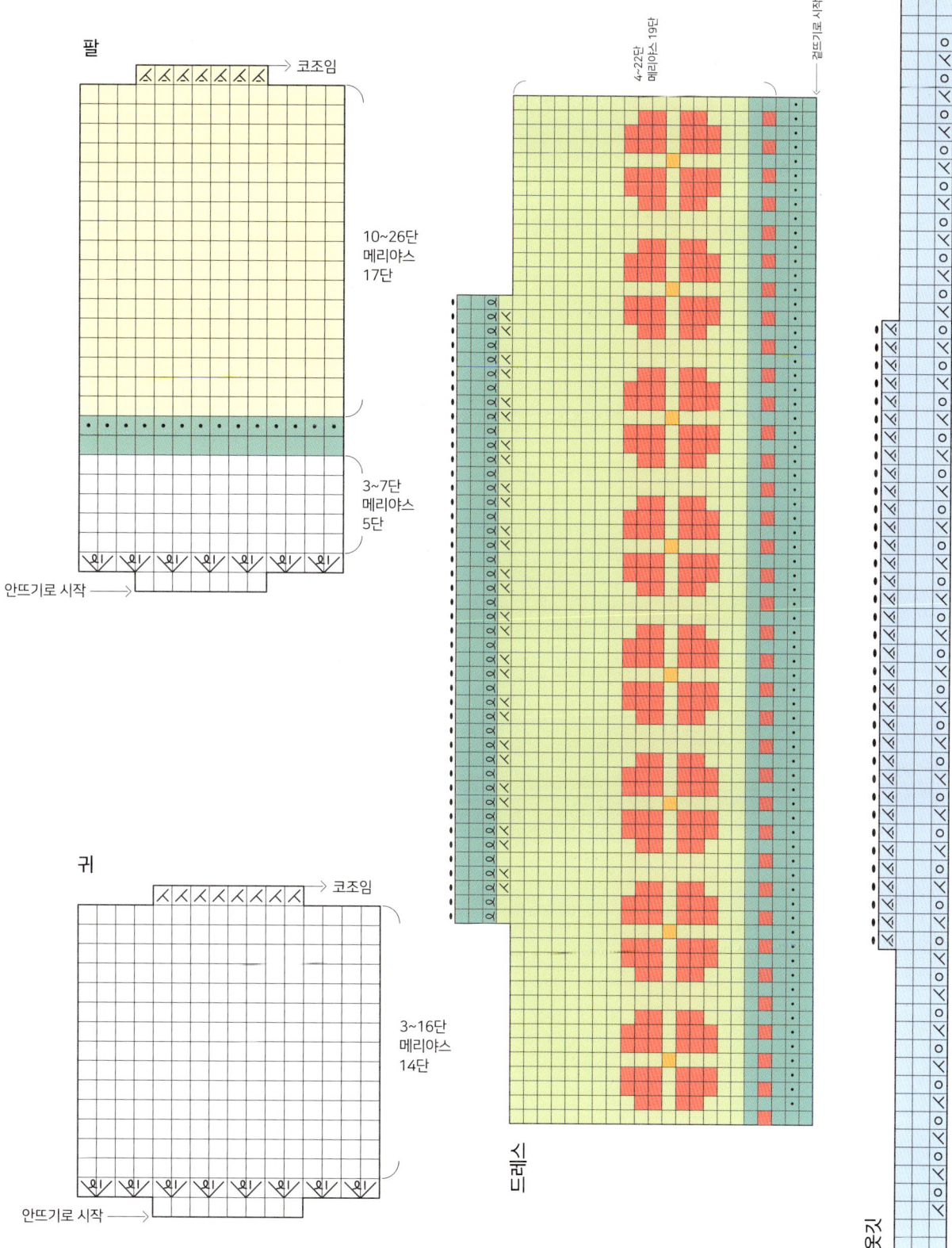

뜨는 방법 및 조립 과정

1. 왼쪽, 오른쪽 다리 두 쪽을 뜬 후 발의 앞코를 마주보게 놓고 겉뜨기로 하나의 바늘에 연결합니다.

2. 발부터 머리끝까지 한 번에 모두 떠 줍니다.

3. 머리 부분은 돗바늘로 코를 옮긴 후 실을 당겨 조여 마무리해줍니다.

4. 발 부분부터 메리야스잇기로 가지런하게 바느질해줍니다.

5. 무늬표를 보고 배색뜨기를 해 편물을 뜹니다.

tip. 배색뜨기를 할 때는 느슨하게 떠 편물이 울지 않도록 주의해 뜹니다.

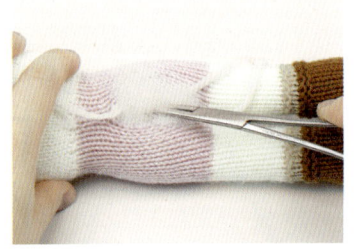

6. 머리에서부터 등 쪽으로, 발에서부터 등 쪽으로 구멍을 조금 남기고 메리야스잇기로 꿰매준 후 솜을 채워줍니다.

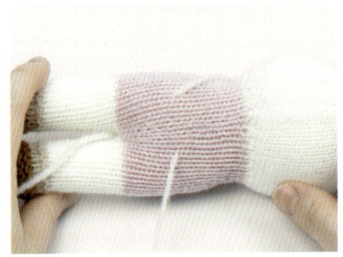

7. 솜을 채워 인형의 모양을 만든 후에는 등 부분을 메리야스잇기로 깨끗하게 마무리합니다.

8. 가랑이 사이의 빈 공간도 감침질로 메꿔줍니다.

9. 목을 조일 자리에 실을 걸어줍니다.

10. 발바닥 부분 맨 첫 코부터 한 코 건너 한 코씩 감칠질한 후 조여서 당겨줍니다.

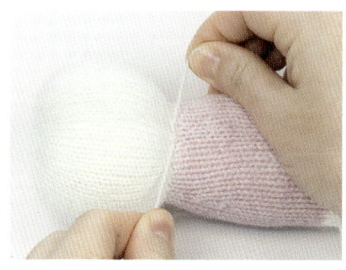

11. 목을 당기는 실을 적당히 잡아당겨 목과 얼굴을 분리해줍니다.

12. 치마를 떠서 편물을 뒤집어 놓고 스팀다리미로 가지런히 펴줍니다.

13. 없애야 할 실들은 치마의 시접이 될 부분으로 깨끗하게 정리합니다.

14. 치마의 뒷면을 메리야스잇기로 바느질해줍니다.

15. 인형에게 치마를 입힌 후 반박음질로 꿰매줍니다.

16. 팔에 달린 실들은 시접이 될 부분으로 걸어서 정리해줍니다.

17. 손에서부터 팔 끝부분까지 고르게 메리야스잇기로 꿰맨 준 후 적당량의 솜을 채워줍니다.

18. 팔은 옆 측면에 위치를 잘 잡아 대칭이 되도록 나란히 달아줍니다.

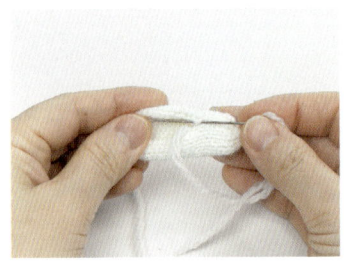

19. 귀는 메리야스잇기로 끝까지 꿰매줍니다.

20. 귀는 반을 접어서 꿰맨 후 귀 아래 가운데에 패브릭잉크 핑크색으로 옅게 칠해줍니다.

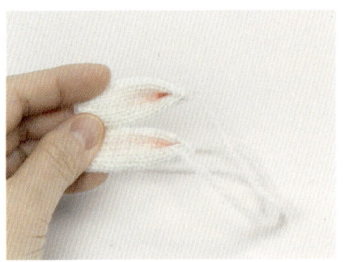

21. 잉크를 칠한 후에는 필요 없는 실들을 모두 정리해줍니다.

22. 머리 가운데에 위치를 잡고 시침핀으로 고정시킨 후 메리야스잇기로 귀를 달아줍니다.

23. 옷깃은 도안대로 뜬 후 편물을 뒤집어 다리미로 반듯하게 펴줍니다.

24. 얼굴의 중심을 표시한 후 눈이 달릴 자리를 정해 기화펜으로 표시해줍니다.

25. 미리 표시해둔 부분에 홀을 잡아주고 단추 눈을 튼튼하게 달아줍니다.

26. 자수실로 인형의 코와 입을 표현해줍니다.

27. 핑크색 패브릭잉크로 볼터치를 하고 옷깃을 붙인 후 리본을 달아줍니다.

≈ 04 ≈
눈사람

실과 도구

모자방울 Rowan alpaca classic / feather grey

모자 Rowan valley tweed / yellowhammer, janet's force, wolds poppy

코 Jamieson&Smith / orange

눈 3mm 플라스틱 인형 눈 1쌍

목도리 Rowan / purewool superwash dk
orange, pink, mint, yellow, skyblue, purple

몸통, 머리, 팔 SIRDAR / Country style white

인형 사이즈 약 12cm
바늘 2.5mm

*** 그 외**
장식단추, 검정 자수실

사용되는 뜨개법

겉뜨기 (k)

안뜨기 (p)

왼코 겹쳐 2코 모아뜨기 (k2tog)

왼코 겹쳐 2코 모아 안뜨기 (p2tog)

앞뒤 겉뜨기로 코 늘리기 (inc, kfb)

앞뒤 안뜨기로 코 늘리기 (pfb)

메리야스뜨기 (st-st)

가터뜨기 (g-st)

코막음 (cast off)

패턴

● **몸통과 머리**

✻ 화이트색 실로 바늘에 시작코 15코를 만들어줍니다.

Row 1 : 안뜨기로 1단을 뜹니다.

Row 2 : 모든 코를 앞뒤 겉뜨기로 코 늘리기를 합니다. (30코)

Row 3 : 안뜨기로 1단을 뜹니다.

Row 4 : (겉뜨기 1코, 앞뒤 겉뜨기로 코 늘리기 1번, 겉뜨기 6코, 앞뒤 겉뜨기로 코 늘리기 1번, 겉뜨기 1코)×3번을 뜹니다. (36코)

Row 5 : 안뜨기로 1단을 뜹니다.

Row 6 : (겉뜨기 1코, 앞뒤 겉뜨기로 코 늘리기 1번, 겉뜨기 8코, 앞뒤 겉뜨기로 코 늘리기 1번, 겉뜨기 1코)×3번을 뜹니다. (42코)

Row 7 : 안뜨기로 1단을 뜹니다.

Row 8 : (겉뜨기 1코, 앞뒤 겉뜨기로 코 늘리기 1번, 겉뜨기 10코, 앞뒤 겉뜨기로 코 늘리기 1번, 겉뜨기 1코)×3번을 뜹니다. (48코)

Row 9 : 안뜨기로 1단을 뜹니다.

Row 10 : (겉뜨기 1코, 앞뒤 겉뜨기로 코 늘리기 1번, 겉뜨기 12코, 앞뒤 겉뜨기로 코 늘리기 1번, 겉뜨기 1코)×3번을 뜹니다. (54코)

Row 11~29 : 안뜨기를 시작으로 메리야스뜨기 19단을 뜹니다.

Row 30 : 겉뜨기 2코, 왼코 겹쳐 2코 모아뜨기, (겉뜨기 4코, 왼코 겹쳐 2코 모아뜨기)×8번, 겉뜨기 2코를 뜹니다. (45코)

Row 31~33 : 안뜨기를 시작으로 메리야스뜨기 3단을 뜹니다.

Row 34 : 겉뜨기 2코, 왼코 겹쳐 2코 모아뜨기, (겉뜨기 3코, 왼코 겹쳐 2코 모아뜨기)×8번, 겉뜨기 1코를 뜹니다. (36코)

Row 35~37 : 안뜨기를 시작으로 메리야스뜨기 3단을 뜹니다.

Row 38 : 겉뜨기 2코, 왼코 겹쳐 2코 모아뜨기, (겉뜨기 4코, 왼코 겹쳐 2코 모아뜨기)×5번, 겉뜨기 2코를 뜹니다. (30코)

Row 39~41 : 안뜨기를 시작으로 메리야스뜨기 3단을 뜹니다.

tip. 목을 조여야 할 곳을 쉽게 찾기 위해 첫째 단은 화이트색과 비슷한 아이보리색으로 뜹니다.

Row 42 : 겉뜨기 7코, 앞뒤 겉뜨기로 코 늘리기 3번, 겉뜨기 10코, 앞뒤 겉뜨기로 코 늘리기 3번, 겉뜨기 7코를 뜹니다. (36코)

Row 43~57 : 안뜨기를 시작으로 메리야스뜨기 15단을 뜹니다.

Row 58 : (왼코 겹쳐 2코 모아뜨기)×18번을 뜹니다. (18코)

Row 59 : 안뜨기로 1단을 뜹니다.

Row 60 : (왼코 겹쳐 2코 모아뜨기)×9번을 뜹니다. (9코)

✻ 돗바늘에 코를 옮겨 조여줍니다.

● **팔 (2개)**

✻ 화이트색 실로 바늘에 시작코 5코를 만들어줍니다.

Row 1 : 안뜨기로 1단을 뜹니다.

Row 2 : 앞뒤 겉뜨기로 코 늘리기로 5번을 뜹니다. (10코)

Row 3~19 : 안뜨기를 시작으로 메리야스뜨기 17단을 뜹니다.

Row 20 : (왼코 겹쳐 2코 모아뜨기)×5번을 뜹니다. (5코)

✻ 돗바늘에 코를 옮겨 조여줍니다.

● **코**

✻ 오렌지색 실로 바늘에 시작코 8코를 만들어줍니다.

Row 1~2 : 겉뜨기를 시작으로 메리야스뜨기 2단을 뜹니다.

✻ 돗바늘에 코를 옮겨 조여줍니다.

● 모자

✱ 그레이색 실로 바늘에 시작코 42코를 만들어줍니다.

Row 1~4 : 겉뜨기를 시작으로 가터뜨기 4단을 뜹니다.

Row 5~16 : 모자색 실로 바꿔 겉뜨기로 시작해 메리야스뜨기로 12단을 뜹니다.

Row 17 : 겉뜨기 2코, 왼코 겹쳐 2코 모아뜨기, (겉뜨기 4코, 왼코 겹쳐 2코 모아뜨기)×6번, 겉뜨기 2코를 뜹니다. (35코)

Row 18 : 안뜨기로 1단을 뜹니다.

Row 19 : 겉뜨기 2코, 왼코 겹쳐 2코 모아뜨기, (겉뜨기 3코, 왼코 겹쳐 2코 모아뜨기)×6번, 겉뜨기 1코를 뜹니다. (28코)

Row 20 : 안뜨기로 1단을 뜹니다.

Row 21 : 겉뜨기 1코, 왼코 겹쳐 2코 모아뜨기, (겉뜨기 2코, 왼코 겹쳐 2코 모아뜨기)×6번, 겉뜨기 1코를 뜹니다. (21코)

Row 22 : 안뜨기로 1단을 뜹니다.

Row 23 : (겉뜨기 2코, 왼코 겹쳐 2코 모아뜨기)×5번, 겉뜨기 1코를 뜹니다. (16코)

Row 24~26 : 안뜨기를 시작으로 메리야스뜨기 3단을 뜹니다.

Row 27 : (왼코 겹쳐 2코 모아뜨기)×8번을 뜹니다. (8코)

✱ 돗바늘에 코를 옮겨 조여줍니다.

● 모자 방울

✱ 그레이색 실로 폼폼방울을 만들어 달아줍니다.

● 목도리

✱ 원하는 색 실로 바늘에 시작코 60코를 만들어줍니다.

Row 1 : 겉뜨기로 1단을 뜹니다.

Row 2~3 : 실을 끊고 두 번째 색실로 연결해서 겉뜨기로 2단을 뜹니다.

Row 4~5 : 실을 끊고 세 번째 색실로 연결해서 겉뜨기로 2단을 뜹니다.

✱ 겉뜨기로 코막음을 해줍니다.

도안

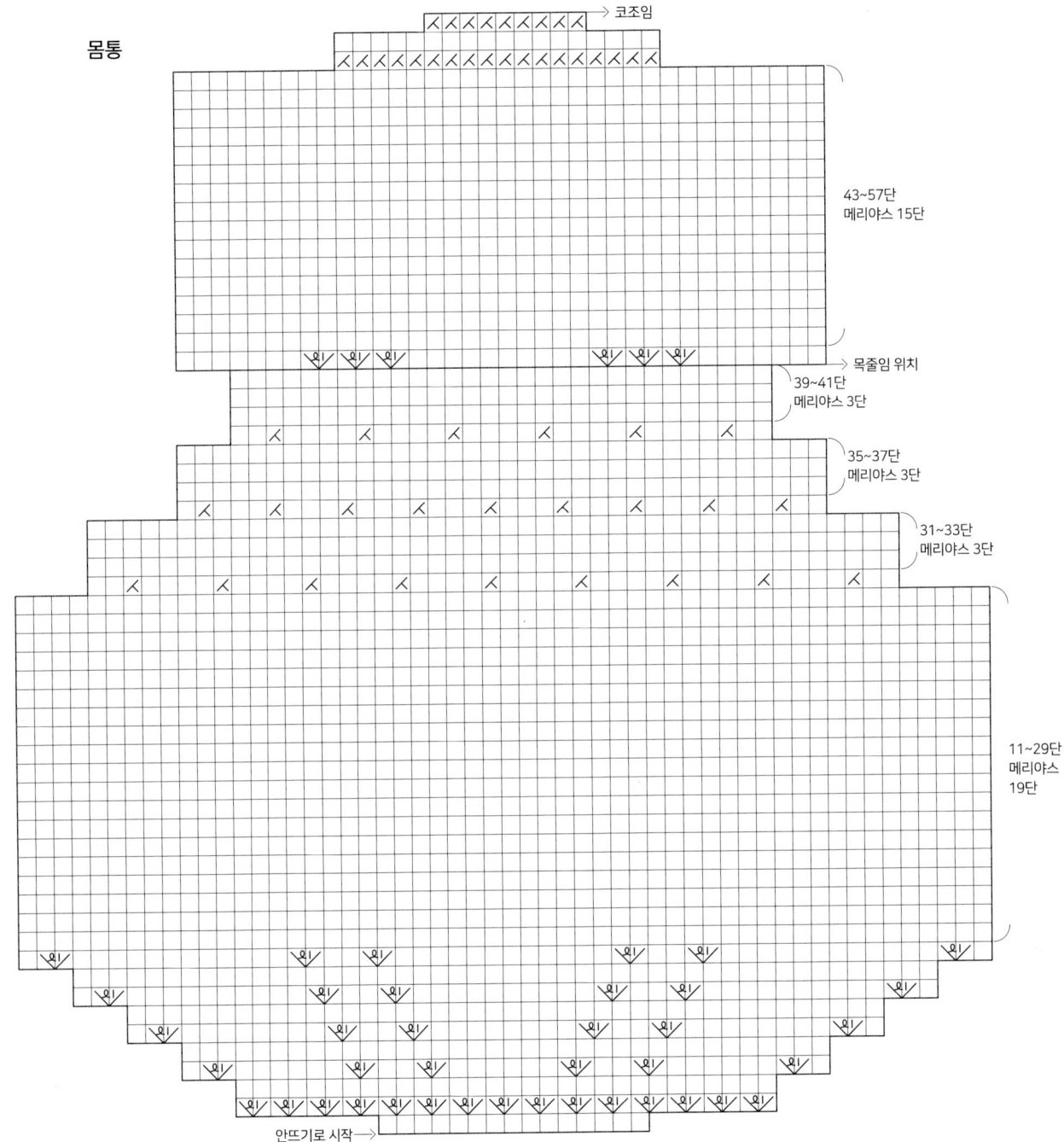

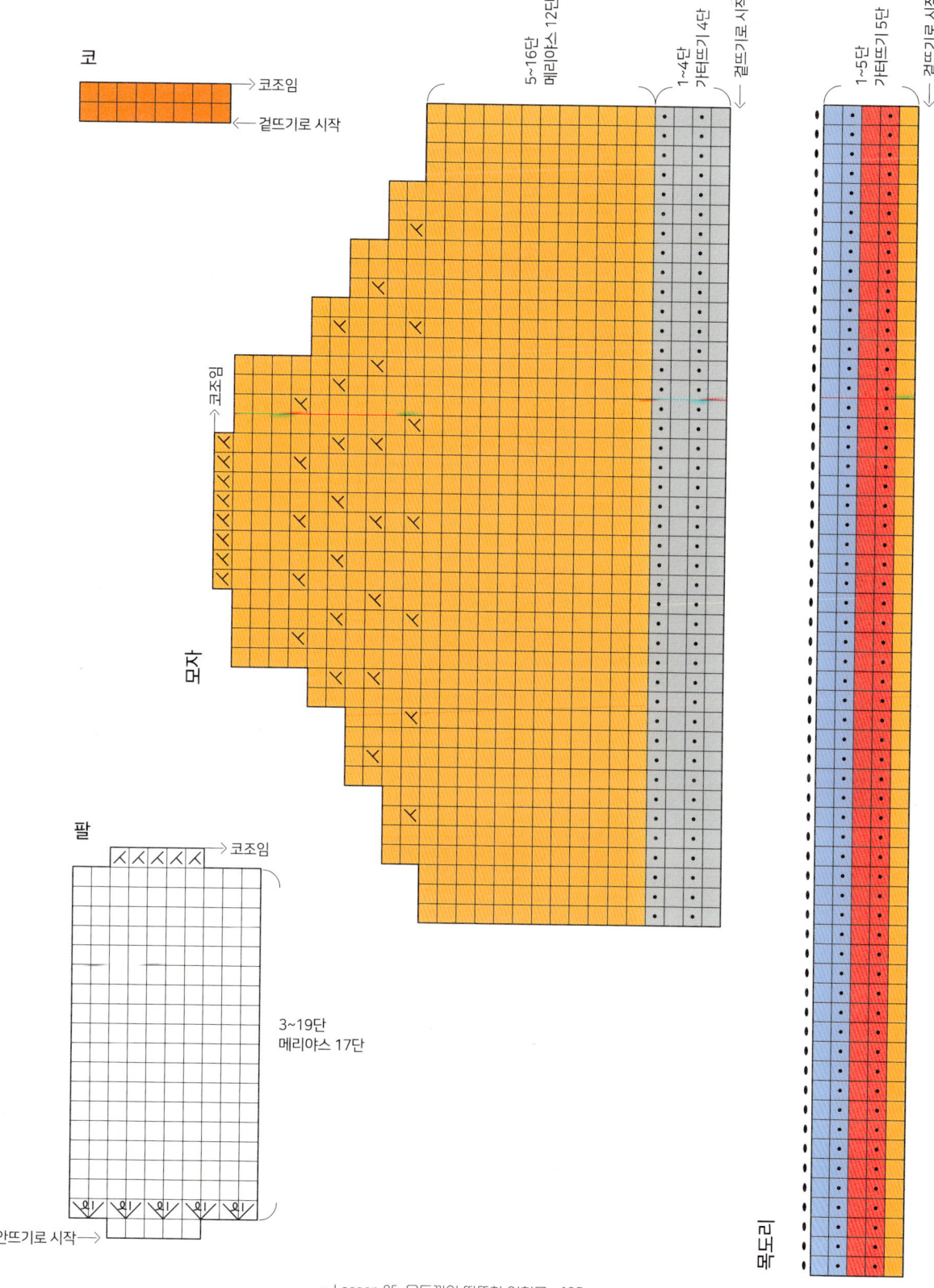

뜨는 방법 및 조립 과정

1. 도안대로 편물을 가지런하게 떠줍니다.

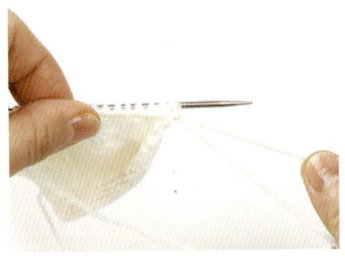

2. 목 부분을 뜨면서 목을 조여줄 곳을 쉽게 찾기 위해 첫째 줄만 흰색과 비슷한 아이보리색 실을 새로 걸어 뜹니다.

3. 다음 단부터는 다시 아이보리색으로 뜹니다.

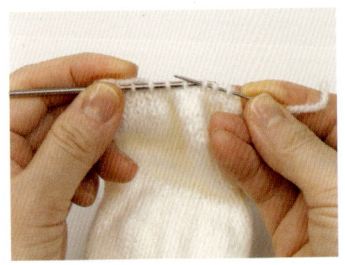

4. 머리까지 다 뜬 후 남은 코를 돗바늘로 옮겨줍니다.

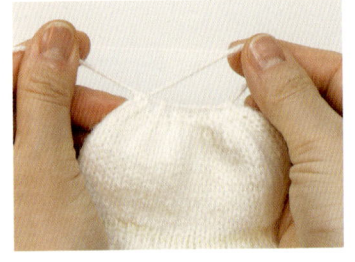

5. 돗바늘에 남아 있는 코를 원을 그리며 통과시켜 실을 당겨 코를 조여줍니다.

6. 편물을 머리 끝까지 떠 완성시킵니다.

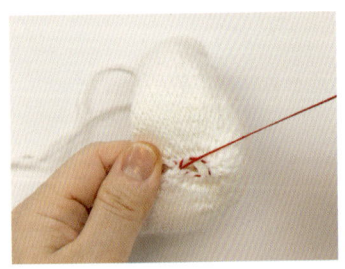

7. 편물의 밑부터 끝을 동그랗게 모아 실을 한 코 건너 한 코씩 통과시켜 당긴 후 메리야스잇기로 바느질합니다.

8. 머리에서 등까지 꿰맨 후 밑에서부터 등까지 솜을 넣을 구멍을 조금 남겨놓고 가지런히 바느질합니다.

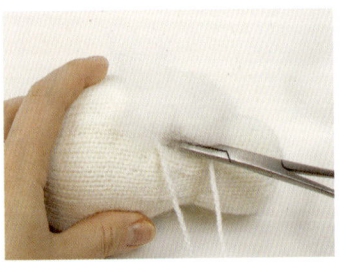

9. 구멍에 솜을 뭉치지 않게 채워넣으며 눈사람의 형태를 만들어줍니다.

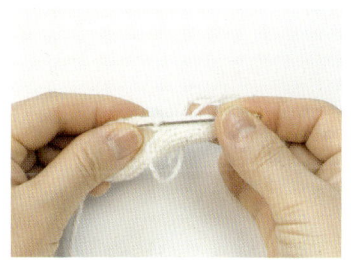

10. 팔을 메리야스잇기로 가지런히 꿰매줍니다.

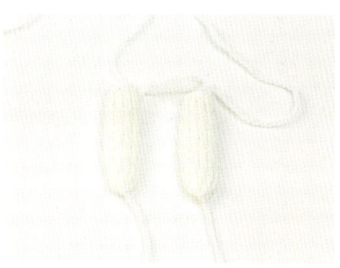

11. 팔에 솜을 적당히 채워 2개를 동일하게 만들어놓습니다.

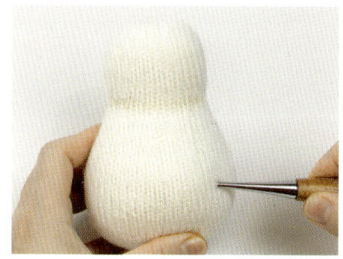

12. 솜을 채워 바느질을 마무리한 후 뭉쳐진 부분이 있으면 송곳으로 고르게 펼쳐줍니다.

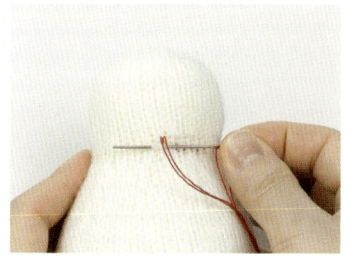

13. 아이보리색으로 뜬 목둘레를 돌아가며 새로 실을 걸어줍니다.

14. 걸어놓은 실을 양쪽으로 당기면서 모양을 만들어준 후 뒤에서 묶어 실을 정리합니다.

15. 눈사람의 모자 아랫부분부터 가터뜨기로 뜹니다.

16. 메리야스잇기로 가지런하게 꿰매줍니다.

17. 모자 끝에 달아줄 폼폼방울을 만들어놓습니다.

18. 모자 끝에 폼폼방울을 달고, 눈사람의 머리에 씌운 후 시침핀으로 고정해 반박음질로 꿰매줍니다.

19. 목도리를 두른 후 장식단추를 달아줄 위치를 정합니다.

20. 정해놓은 위치에 자수실로 장식단추를 달아줍니다.

21. 코를 뜬 후 눈사람 얼굴 중심에 메리야스잇기로 붙여줍니다.

22. 눈사람의 측면 가운데에 위치를 잡아 팔을 메리야스잇기로 붙여줍니다.

23. 눈을 달아준 후 자수실로 입 모양을 수놓아줍니다.

24. 목도리를 도안대로 뜬 후 끝을 가지런하게 정리해 눈사람 목에 둘러줍니다.

EDITOR'S PICK

손뜨개 인형

내 손으로 직접 무언가를 만드는 것은 무언가를 완성해내는 것
그 이상의 의미를 가지는 것 같아요. 서툰 솜씨로 삐뚤빼뚤 완성되어도
이걸 만드는 시간 만큼은 온전히 나와 내 작품만을 위한 시간일 테니까요.
따뜻한 감성을 담은 옥토끼의 손뜨개 인형을 만나보세요.
손으로 만드는 모든 것들을 좋아하는 분들이라면 분명
이 귀엽고 따뜻한 인형들의 매력에 폭 빠지실 거예요.
설명 도안에 익숙하신 분들, 모눈 도안에 익숙하신 분들 모두를 위해
설명 도안과 모눈 도안을 모두 담았어요.
대바늘 뜨개에 익숙하지 않으신 초보자 분들을 위해 기초 뜨개법과 함께
각각의 인형을 만드는 과정을 상세컷으로 담아 어렵지 않게 완성하실 수 있으실 거예요.
보기만 해도 웃음 짓게 만드는 이 다정한 인형들을 담기 위해
오랫동안 고생해주신 김혜진 선생님께 진심으로 감사드려요. 도안 작업부터 촬영까지
매일 반복되는 쉽지 않은 작업이었음에도 끝까지 고생해주셨어요. 이 따뜻한 마음이
선생님의 인형을 좋아하는 독자 여러분들께도 전달될 것이라 기대해요.
따뜻함을 담은 책으로 완성될 수 있게 지난 몇 달간 고생해주신 김보라 디자이너,
도안 일러스트 작업을 진행해주신 이지선 디자이너,
책을 더욱 풍성하게 만들어주신 최민정 포토그래퍼에게도 감사의 말을 전합니다.

2019년 10월 더테이블 기획편집팀